四季折々の味覚、
風の香りと自然の景色
そこに居れば
本当にやりたいことができる

社会に貢献し、人に感謝され、
仲間たちに囲まれる——
そんな人生の幸せが
在る場所——

Introduction

はじめに

ここに居れば温かい美味しいご飯が食べられる。快適な温度で居心地の良い空間。体調が悪くなればすぐに医師に診てもらえる。何も不自由のない生活。でも、亡くなった夫のところへ早く行きたいと思う日々……。

このご婦人は、何を失ったのでしょうか。

安心安全。よく聞く言葉です。日本をはじめとした先進諸国では、年をとっても快適な環境の中で身の安全に不安なく過ごすことができます。医療保険や介護保険の充実がそれを保証してくれるからです。たとえ経済的に困窮しても、生活保護で守られます。

しかし、人はただ生きていれば幸せなのでしょうか？　どんな環境でどんなことをして過ごすか。自分を必要としてくれるような人や頼れるような仲間はいるか。

それは高齢者に限らず、障がいを持っている人でも健常者でも同様です。

「生きがい」がなければ、空虚で寂しい人生となってしまいます。

では「生きがい」とは何なのでしょうか？

その生きがいを探すヒントがケアファームにあると私たちは考えています。

ケアファームとは、農場が併設されている福祉施設のことで、高齢者や障がい者、心身に問題を抱える全世代を対象に、住宅、医療、雇用、教育、交流の場を提供します。

日々の農作業や動物との触れ合いは高齢者や障がい者の生きがいや就労を生むだけではなく、認知症や精神障害の緩和にも効果があるとされ、2000年頃からヨーロッパを中心に急速に発展してきました。

それらのケアファームには様々な参加目的を持った利用者がおり、それぞれ趣味や嗜好が異なることから、オーダーメードの生活プログラムが用意されています。

具体的にはウォーキングやサイクリング、ガーデニングのほか、創作活動やお菓子作りなど様々です。

利用者はこれらのアクティビティを通じて他の利用者とコミュニケーションをとり、触れ合うことで、社会との関わりを維持しながら活動しています。もちろん気が乗らなかったり体を休めたいときは気兼ねなくゆっくりと過ごす選択もできます。

私たちが目指すのは、ヨーロッパを中心に展開しているこのケアファーム事業を日本の制度に合わせて導入する「日本型ケアファーム」の普及とそのサポートです。

高齢者住宅に併設した農園を障がい者の就業場所とし、市民農園も併設することでコミュニティをつくり、生きがいと相互支援の場を形成する。これによって日本社会が抱える問題、日本の企業が抱える課題、さらには世界的な環境課題にも大きく貢献が可能になるのです。

本書では、ケアファームについての理解（1章）と、事業としてのケアファームの魅力（2章）、海外のケアファームの現状（3章）日本でのケアファーム運営の実証実験の様子（4章）をお伝えし、最後にケアファームに関するさまざまな疑問にお答えするQ&A（5章）を収録しています。

日本ではまだ認知度が低いケアファーム事業ですが、農地や生産緑地の所有者さま、民間介護事業者さま、社会福祉法人さま、ESG投資や障がい者雇用を考えている企業さまなど、それぞれにとって大きな可能性と魅力を感じていただけるはずです。

Contents
もくじ

Contents
もくじ

第4章 ケアファームの試験運用レポート

Contents
もくじ

Chapter1

第1章 ケアファームとは何か

ケアファームがもたらす多世代・地域のコミュニティ

日本の介護は介護保険制度のもとで安心と安全がしっかりと保証されています。有料老人ホームやシニア向け分譲マンションなど様々なタイプの施設が選択肢として用意されているように見えます。

しかしながら実際は、本人の**介護度と負担できる費用の二つの判断軸**だけで入居する終の住処が決まってしまい、ライフスタイルも画一化しているのが現状と言えます。また、外部の社会との関わりが希薄で、閉鎖的であることも否めません。

もちろん高額な入居金を支払い、高級感あふれる施設でラグジュアリーな生活を送ることに幸せを感じる人もいるでしょう。しかしそのような生活の中に**本当の意味での「よろこび」や「生きがい」**はあるでしょうか。

本当に豊かな生活とは、四季折々の味覚や自然の景色を楽しみながら趣味に時間を使ったり、興味のあることにチャレンジしたり、人の役に立って感謝されるような、充実した日々を過ごすことではないでしょうか。それは人間性の回復と言ってもいいでしょう。

そして、そうした**豊かな生活の場を提供することがケアファームの目指すところ**なのです。

ケアファームは、日本の閉塞した介護制度の状況に待ったをかける救世主になり得ると私たちは考え

従来の高齢者介護施設

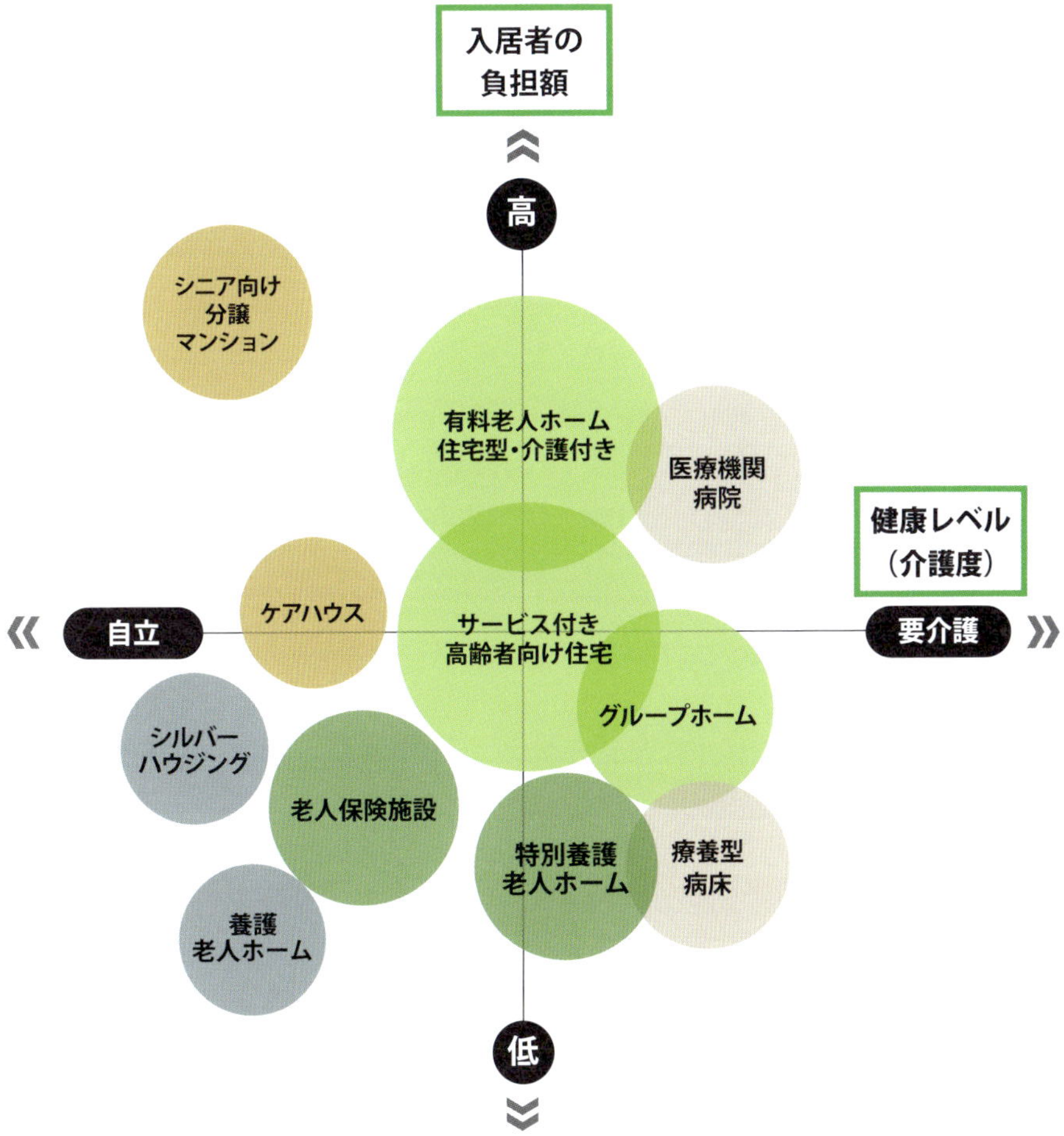
入居者の負担額
高
低
健康レベル（介護度）
自立
要介護
シニア向け分譲マンション
有料老人ホーム住宅型・介護付き
医療機関病院
ケアハウス
サービス付き高齢者向け住宅
グループホーム
シルバーハウジング
老人保険施設
特別養護老人ホーム
療養型病床
養護老人ホーム

ています。

そもそもケアファームとはヨーロッパを中心に広がる**「農場が併設されている福祉施設」**のことで、高齢者や障がい者、心身に問題を抱える全世代を対象に住宅・医療・雇用・教育の場を提供します。

一般的な障がい者施設や高齢者施設とは違い、**利用者の意思で各々が好きなように過ごすことができます。**また、地域住民とのコミュニティを形成することを主な目的としていることから、ケアファームの利用者は孤独を感じません。

障がい者の方に向けても就労機会や職業訓練を提供するため、世代の垣根を超えた多世代交流が可能となるのです。

たとえば畑での農作業は、障がい者、ケアファームに入居する高齢者、地域の住民、ケアファームを運営するスタッフなど、**さまざまな立場の人が同じ空間で同じ目的を持ってコミュニケーションがとれる環境**となり得るのです。

これだけを見ても、閉鎖的な日本の高齢者施設とケアファームとはまったく違う施設であることがわかると思いますが、それだけにとどまりません。

農産物直売所として地域住民との交流の場になったり、農場体験などのイベントでは小さいお子さんの教育の場、多世代交流の場にもなります。このように**コミュニティとしての様々な可能性を秘めているのがケアファーム**なのです。

日本人は海外とくらべて宗教的な繋がりはあまりありませんが、身内、親戚、地域の繋がりはまだあるはずです。核家族化で「イエ」の繋がりは薄れましたが、地域社会の繋がりはまだ身近にあります。仕事をリタイアした人は会社を中心としたコミュニティを離れ、地域に戻ってきます。あるいはマンションに住んでいる若いパパとママが、子どもが自然に触れることができる場所を探すこともあるでしょう。機会さえあれば地域との繋がりはできるのです。それがケアファームであれば、毎日変わる畑の景色と季節の流れが、仕事を中心とした風景とはまったく違うことに気づかされるでしょう。

世界に広がる自己実現と癒しの場

ケアファームは**自己実現の場を提供する**という意味でも非常に重要な役割を果たしています。

ここでいう自己実現とは利用者が自分らしくいることができる場所、または日々の活動の中で自分自身の可能性を見出すことができる場所であるということです。

社会から孤立しがちな高齢者や障がいを持つ人々が、地域の人や運営者と共同で作業を行うことで社会との関りを持つことができるのは、ケアファームの大きな特長のひとつです。

人によってはケアファームに通った後に就職し、社会の一員として働きはじめ、結婚をして家庭を持つに至ることもあります。

就労支援や職業訓練等の自立を目的としたプログラムもたくさん用意されています。一人一人が異なる目標を持っているので、各々に寄りそったプログラムが提供されます。このような支援を受ける中で利用者は自らの活動によって周りの人から感謝され、自信と尊厳を持つことができます。支援事業者も利用者が成長していく姿を近くで見届けることができ、お互いが幸せなウィンウィンな関係でいられる環境が作られるのです。

このケアファームですが、ルーツはベルギーにあるものの、「ケアファーム」という言葉自体は世紀の変わり目にイギリスで人気を博しました。

イギリスでは２００５年に全国で孤立しがちな複数のケアファームが連携して支援を受けられるようにNational Care farming Initiative（全国ケアファームイニシアチブ）が保険・農業・福祉・教育など様々な関係機関の代表者で構成された連合体によって設立されました。

この組織は２０１１年にCare Farming UKとなり、７年後の２０１８年にはFederation of City Farms and Community Gardensと合併してSocial Farms and gardensとなりました。

この組織はイギリスでケアファーム業界が声をあげる機会を提供しただけでなく、全国会議の開催、新たなケーススタディやリソースの開発などにより、ケアファームの存在を一般化することに貢献しました。

現在ヨーロッパ諸国には何千もの特徴的なケアファームが発展しています。その取り組みは様々で、オランダでは農業経営のバリエーションと捉えられ、ドイツでは医療行為を中心とした施設活動、ＥＵ全体としては、高齢者住宅としてだけでなく精神障がい、認知症に係る治療の手段としても機能しています。農作業や動物との触れ合いには、障がいの緩和と癒しの効果が認められ、グリーンセラピーやアニマルセラピー、障がい者の就労先など、総合的に認識されています。

このように**ケアファームが急速に発展した理由は、制度の整備とともに、経済的に充足した社会では人間性の回復にニーズが向かっているから**と言えるでしょう。

たとえば前述のオランダでは、デイサービス型のケアファームが多く、高齢者がなるべく自宅で過ごすことができるように国全体が取り組んでいます。それはオランダの高齢者福祉の考え方である「その人らしく最期まで」という理念に支えられています。

オランダケアファーム数

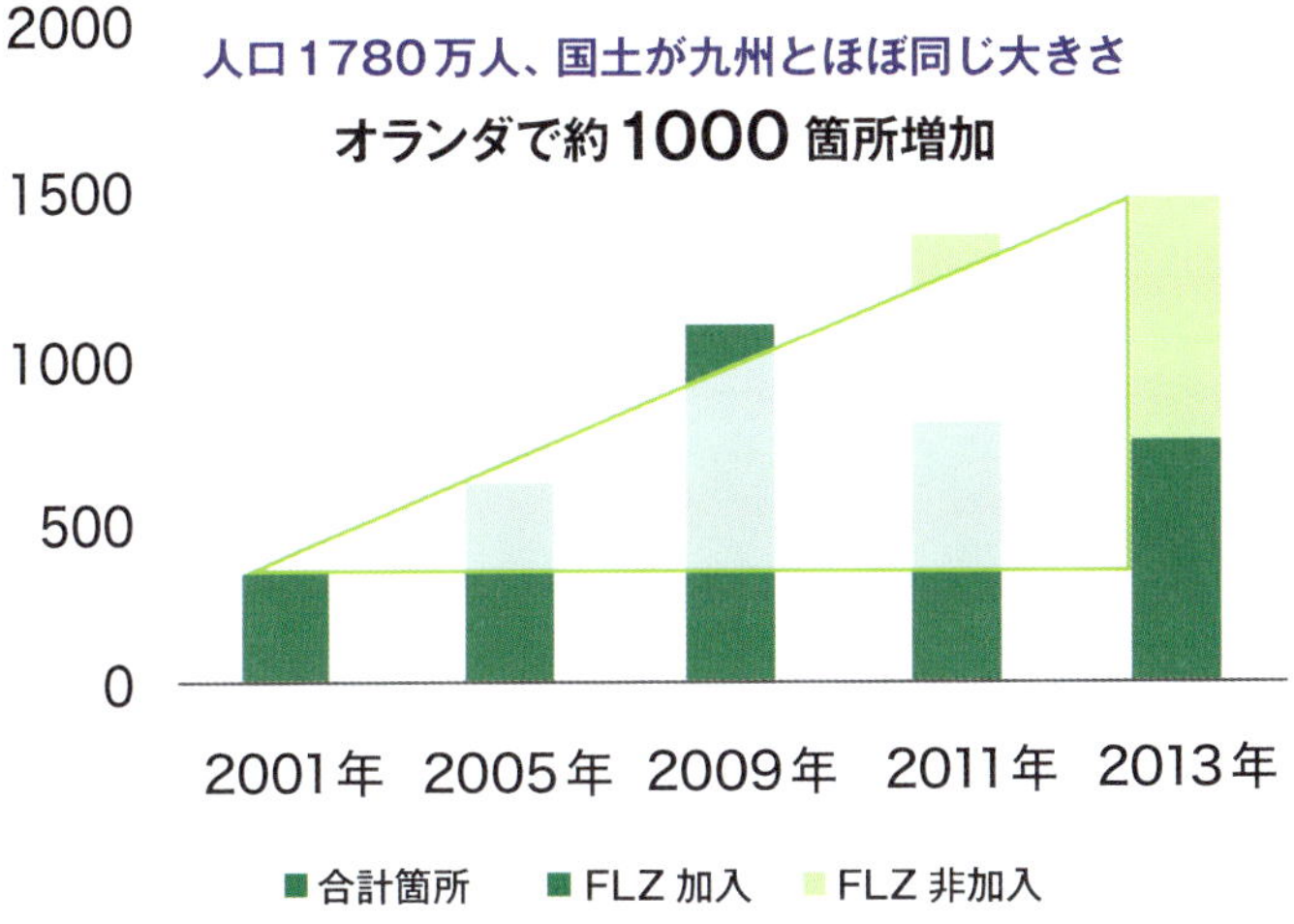

FLZ（農業介護連盟）ケアファームの品質管理団体

他EUのケアファーム数の推計

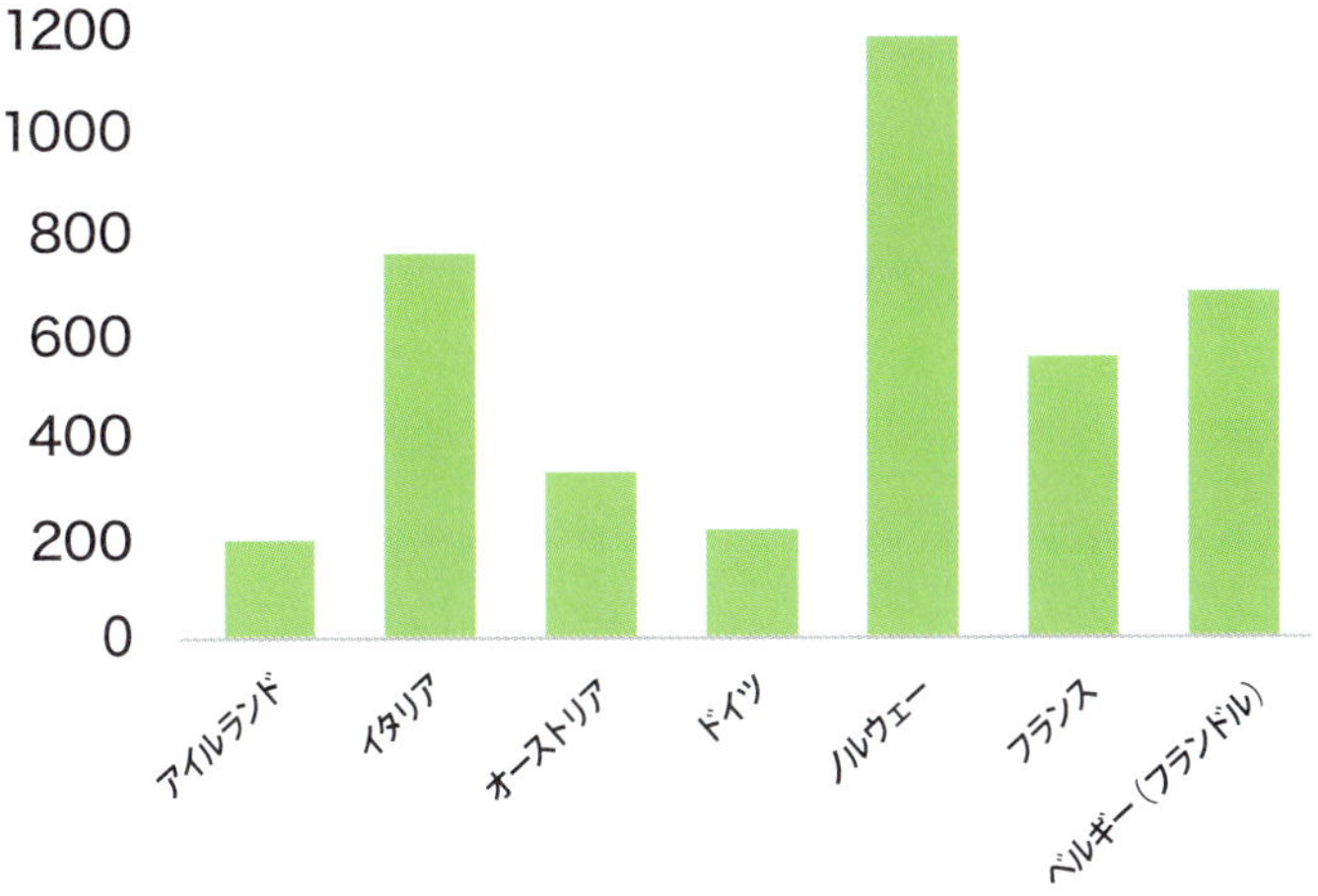

日本型ケアファームの経済的持続性

オランダのケアファームにお伺いしたときのことです。その建物は修道院を改装して造られている高齢者のためのケアファームです。ご高齢の女性の管理人さん、そして所属している協同組合から派遣されているお孫さんくらいの年齢の女性が中心となって運営されています。オランダの場合、ケアファームの多くは地域の協同組合に所属しており、組合からの農業指導や資金などのサポートを受けながら運営しています。

農園にはニワトリや野菜畑、そしてよくお手入れされたとてもかわいい庭があります。「この素敵な農園は誰が管理されているのですか?」と聞くと「その役は私なの」と園長さん。

農園管理の大変さを知っている私たちはこんなに綺麗にするのにはどれだけの情熱を注いでいらっしゃるのかと感心しました。

海外のケアファームは国や地域によって様々な体制が敷かれていますが、寄付とボランティアで成り立っている側面が大きいように感じます。オランダでは、介護保険にあたるものが日本のように事業者認定された法人にではなく、幅広くサービスを提供する側に支給されます。良い意味で善意のアマチュアを支える制度になっています。

またイギリスの場合、利用者さんと現場のスタッフは公的負担で支えられていますが、経営者層に支給はありません。必然的にボランティアと定期的な寄付に頼らざるを得ないのです。経営母体には5年ごとの審査があり、いったんスタートしたらよほどのことがなければ制度に乗っているだけで経営が続けられる日本の福祉施設と違い、日常的な努力をしなければ続けられない厳しさがあります。審査の結果によって教会や企業からの継続的な寄付やボランティアが集まります。ケアファームはそもそもの発祥が教会における障がい者などの経済的弱者への仕事の提供から始まったという説もあります。農園の管理という楽しいだけではない仕事を継続的に行うために、寄付とボランティアはとても有効に作用しているのです。

しかしながら、**このようなケアファームをそのまま日本に持ってきても、必ずしも日本の文化や制度に合うとは限りません。**ボランティアの文化、寄付の文化は日本ではまだ「当たり前」ではないのです。

ケアファームを日本でも増やして持続性を持たせるには、寄付や介護保険の予算に過度に頼らず継続できる仕組みが必要です。善意の誰かが頑張ってポンプを踏んで水を上流に運び、それが流れることで入居者さんや利用者さんが癒されるのでは持続性は望めません。

そういった背景を踏まえ、**私たちは日本に合った「日本型ケアファーム」を提唱しています。**

ケアファームの運営をボランティアや寄付に頼るのではなく、**企業の投資対象に適した低層木造建築と、障がい者就業支援の農場とを組み合わせることによってそれを実現するのです**（詳細は第2章）。

日本型ケアファームは、都市緑地の荒廃や農地の後継者不足という問題を解決し、障がい者雇用義務の解決を提供し、脱炭素などの環境対策にも有効であることから、企業によるESG投資（環境、社会、ガバナンスの3つの視点から投資先を評価し、その評価に基づいて投資を行うこと）の対象として非常に魅力的な事業となり得るのです。

障がい者雇用とケアファーム

日本の企業では障がい者に対する雇用機会が依然として不足しています。

都市緑地株式会社が試験的に運営する狭山ヶ丘ケアファーマーズの近くの幼稚園の園長さんにお話を聞いたことがあります。

「近年、障がいの定義が広がって、小さなお子さんの障がい者の数が増えています。受け入れ施設の充実が必要になってきた」

子どもだけでなく、成長期や大人の障がい者の数も増加しており、国もその対策、成長支援や就業支援に力を入れています。

また、企業の障がい者雇用義務についても、一般社員に対する割合の強化や実績強化への指導が図られています。

ところが**企業の多くは障がい者を雇用することに関連する費用やリスクを懸念し、積極的に採用に取り組むことができていません。**障がい者の能力や価値を過小評価する社会的な差別や偏見なども依然として存在し、雇用機会のアクセスを制限していると言わざるを得ません。またバリアフリーなどのオフィス環境や交通機関のアクセシビリティが不十分などの理由で障がい者を雇用することに躊躇する企業も少なくないように感じます。

このように多くの企業が障がい者に適した職場環

境を提供することができず、適切な支援を行うことができていないのです。

障がい者の雇用率の低さを解決するためには、障がい者に対する企業や社会の意識の向上はもちろんですが、バリアフリーなどの適切な支援体制の整備、障がい者が職場でスキルを磨き、キャリアを築くための支援（職業訓練やキャリアカウンセリング）が必要となります。

一方で気になる点もいくつかあります。過去長い間この事業に真摯に取り組んできた社会福祉法人やNPO法人の取り組みがある一方で、国の制度や障がい者雇用義務の強化により障がい者にまつわる事業が「有利な投資先、もうかるビジネス」として脚光を浴び、その制度に乗る異業種参入が相次いでいる傾向が読み取れます。

高齢者介護がそうであったように、障がい者対策事業に民間の収益のパワーや競争が生かされるのは良いことですが、行き過ぎた制度の収益目的化は「誰のための制度か、どういう目的のための制度か」が抜け落ち、どうやって障がい者を集めるかという利益追求思考に簡単にすり替わってしまいます。

そして、これも高齢者介護の制度の変化がそうであったように、制度そのものに乗っていれば高収益でいられる期間は短く、デイサービス～認知症グループホーム～特定施設～サ高住のような流行りものへ安易に参入した事業者は、制度に変化があるとあっさり撤退を余儀なくされることになります。誰のための制度か、目的は何かを忘れると結局その結果は自分に返ってくるのです。

また、**障がい者雇用においては、離職率の高さが大きな課題**になっています。

たとえば、福祉施設が周辺の農地を取得、または借り受けて農業をはじめる農福連携事業においては、障がい者の担う仕事は農業法人や農業者への補助的なお手伝い、それもスキルがいらない単純な**作業が単発的に行われることが多く、継続性ややりがいに欠け、結果として離職率が高くなってしまう**のです。
そうした作業は工賃の低さがメリットでもあるので、発注者がその現状を変えるのも容易ではありません。さらには、障がい者雇用義務を消化するために、出荷の予定のない野菜をルーチンワークとして作るというような、「仕事をつくるための仕事」というようなことがあるのも事実です。

障がい者もひとりの労働者です。健常者と同様、よりやりがい、生きがいを感じられる仕事が必要なのです。

「苦労して暑い思いをして野菜を育てるより、冷房の効いたところでほうれん草をビニール袋に詰め込む単純作業の方がいい」

もちろんこういった声も無視はできません。健常者でも障がい者でも、就労環境とやりがいは大切な要素ですが、やりがいの定義を押し売りしてはいけません。そこには本人の意志を尊重する自由が担保されなければならないでしょう。日本型ケアファームなら、それができると考えています。

わたしたちが提唱する日本型ケアファームでは、農園やガーデンのお世話を障がい者の方にお手伝いしていただきます。主な施設は高齢者住宅で、付属している農園に障がい者の方が就業場所として、あるいは就業支援の場所として使用します。時には地域の住民の方が体験農園として参加し、多世代コミュニティを育てます。高齢者住宅のスタッフやヘルパーさんは介護保険と高齢者住宅の費用負担で成立するしくみの上で働いています。つまり、農園との関わりはあくまで任意の範疇です。施設の高齢者やそのスタッフが農園や庭で作業をすることが前提なのではありません。極端に言えば、何もしなくてもいいのです。ただ見るだけ、食べるだけでも。そこが菜園付きの老人ホームと違うところです。

菜園付きの老人ホームでは、上手に野菜作りやガーデニングを楽しめる高齢者がいることが前提であり、うまくできない場合や、体力的に負担できない場合は、それはスタッフの負担となります。あるいは営農のためのスタッフが別に必要になります。

これは結局は入居者さんの金銭的な負担となって返ってきてしまうのです。

通常の高齢者住宅が、法的に必要な緑地を除き、敷地内をすべてアスファルトやコンクリートで埋めてしまいがちなのも、この維持管理コストのせいです。結果として建物の外観や敷地内の散策を味気ないものとしてしまいます。

ところが、これを就業者支援の場とし、あるいは、**ケアファームを所有する企業が施設を障がい者雇用の場とする**ことにより、農作物を適正な価格で買ってもらう、ガーデンのお手入れに適正な工賃を負担してもらう、また農業に限らず建物内の可能な作業についても、適正な工賃が発生し、さらには目の前に「ありがとう」と言ってくれる高齢者やヘルパーさんたちがいる環境が整うのです。

厚生労働省職業安定局障害者雇用対策課資料（2017年）に次のような文言があります。

「一人ひとりの日本人、誰もが、家庭で、職場で、地域で、生きがいを持って、充実した生活を送ることができること」

ケアファームにはこうした理想を実現するポテンシャルがあると私たちは考えています。

日本型ケアファームがもたらすポジティブな影響

ヨーロッパの多くの国々で発展しているケアファームですが、日本ではあまり知られていないのが実情です。そこでケアファームが社会にもたらすポジティブな影響について、簡単にではありますがいくつか列挙してみたいと思います（事業としてのメリットは第2章を参照）。

まず、ケアファームの農場には就業支援の場としてまたは就業の場として様々な目標を持って農場での作業に取り組む「障がい者」と、隣接した高齢者住宅の利用者、地域の体験農園の利用者、時には動物たちに会いに来る子どもたちがいます。

参加者はケアファームに参加することによって体力の向上、農業やその他スキルの向上、安全で快適な環境の中での活動による季節感の享受、肉体労働や散歩を含めた軽作業による食生活の改善や睡眠パターンの改善のほか、自尊心と幸福感の向上、価値観の回復などを得ることができます。

障がい者にとって、農作業やガーデニングは、自分で育てた野菜を収穫することで自信や自己肯定感を得る貴重な機会です。また、高齢者住宅の利用者や動物たちに会いに来る子どもたちから喜ばれることで、社会に貢献しているという意識も高まります。

日常生活に変化を取り入れることで記憶力や問題解決能力の向上も期待できます。

それだけではありません。高齢者住宅のスタッフや体験農場に参加するために訪問する人々と接触することによって、**社会スキルの改善、他の人に受け入れられているという自信、新しいことに対して取り組む意欲、友だちを作りたいといった意欲まで芽生えるなど、様々な恩恵があるのです。**

さらに、メリットがあるのはケアファームの利用者だけではありません。

ケアファームの所有者や運営事業者は社会的な恩恵を受けることができます。ケアファームを運営することで、農場で過ごす人々が目の前で成長していく姿を目の当たりにすることができます。ケアファームが農場利用者に与えるポジティブな影響を間近に実感することができるのです。

また、障がい者や高齢者など社会から排除されがちな人々がより多くの人の中に入れるようにサポートしたり、参加者と一緒に仕事をしながら参加者との関係を構築したり、ケアファーム参加者の日々の仕事を管理または支援したりなど、これまで触れてこなかった新しいスキルを学ぶことができます。

このように、企業がケアファーム事業に参加するのは金銭的な理由だけではありません。経済的な動機と同時に、社会貢献といった総体的な理由でもケアファーム運営に参加しているのです。

ケアファームに自身の農場を提供していることが多い農家は、農業指導員として参加者と一緒に作業することで仲間意識を楽しむことができます。これまで一人で孤独に働くことが多かった農業の世界で、チームとして仕事ができる喜びを感じているのです。

雇用と経済的側面で考えると、**ケアファームは障がい者に就労の機会を与えるだけでなく地元産農産物の販売や観光施設としての機能があるほか、子どもや若者に自然や農業の大切さを教える食育の場にもなるなど、様々なメリットがあるのです。**

日本型ケアファームの社会的需要

都市緑地株式会社が設立された2020年にはケアファームという言葉さえほとんど認知されておらず、インターネット検索では「オランダに見学に行ってきた」「ケアファームというものがあるらしい」等、単発の記事がいくつか散見される程度でした。

少しずつ資料を揃えて、日本型ケアファームについての発信を始め、ケアファームと検索すると私たちの記事がトップに出始めたが2022年。そこで、日本型ケアファームについての評価をお聞きしたく、全国のケアマネージャーさん300名をネット募集してアンケート調査を行うことにしました。

新型コロナによりライフスタイルがどう変わったか、利用者やその家族が何を希望されているかの調査です。とはいえ、ケアファームについて説明するにもその頃はケアファームに関するまとまった資料もなく、都市緑地のホームページを見ていただくしか理解を深めていただく方法はありませんでした。

それらを見ていただいた後、これからの社会において、入居希望の方やそのご家族に、ケアファームは興味・関心を持っていただけるか、ケアマネージャーのあなたがケアファームの利用を提案してみたいと思うかなどを質問し、集計したものが次ページからのグラフです。

「介護施設に期待する＋αの価値」は、高級な食事

入居者およびその家族が

介護施設に期待する＋αの価値

高級な食事や設備よりも
アクティビティや交流・高度医療との連携を期待する
傾向にある

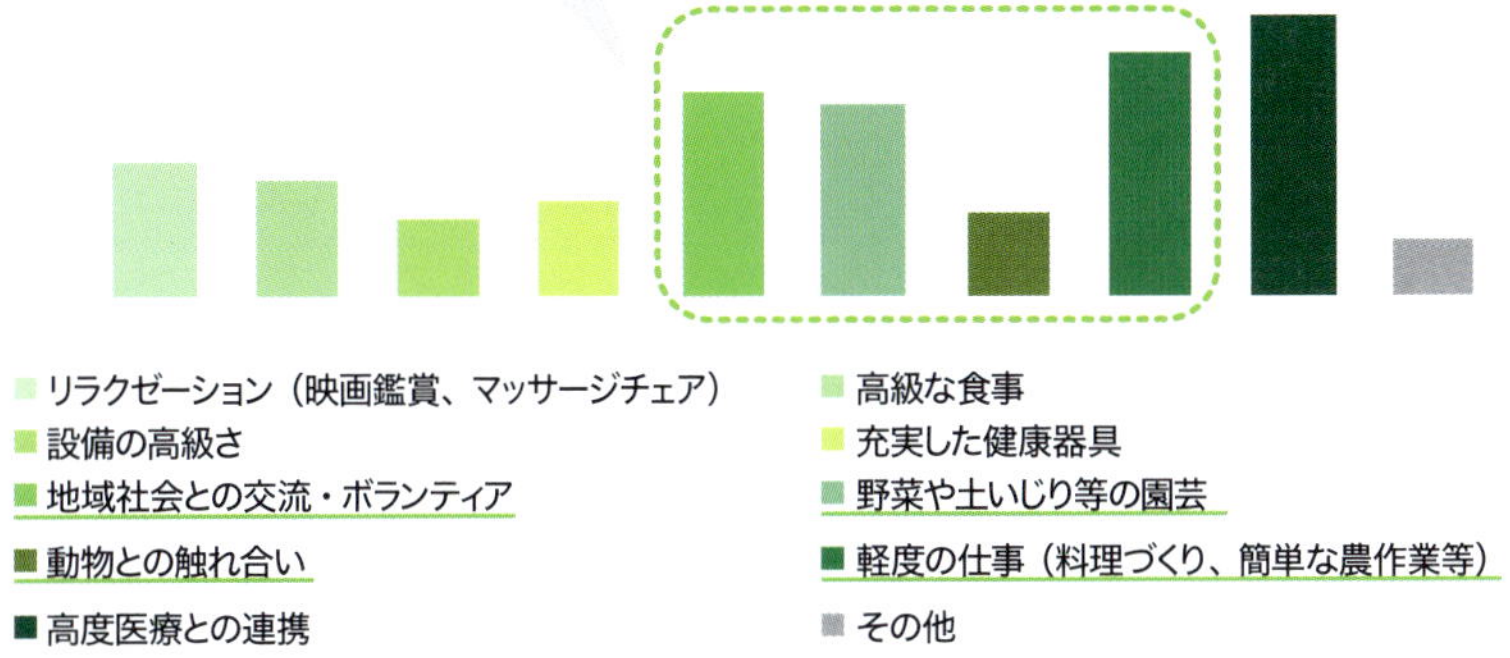

新型コロナウイルス感染症流行以降で

増加してきた生活に対する価値観

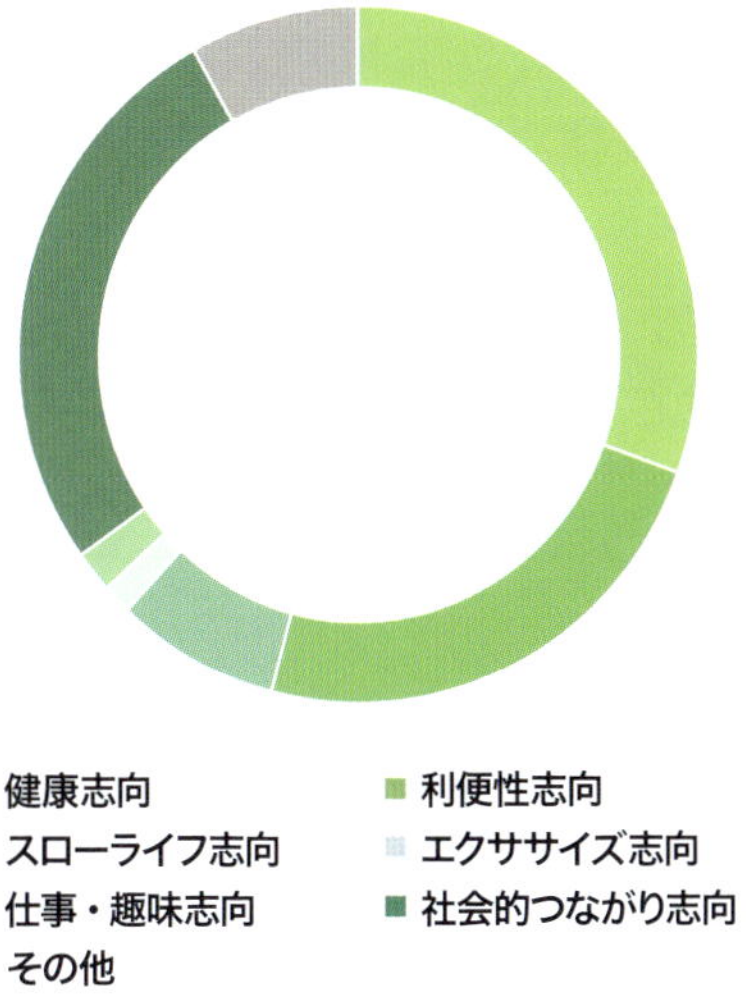

健康志向：31%
社会的つながり：27%

今後入居希望者およびその家族に

「ケアファーム」を提案してみたいと思いますか？

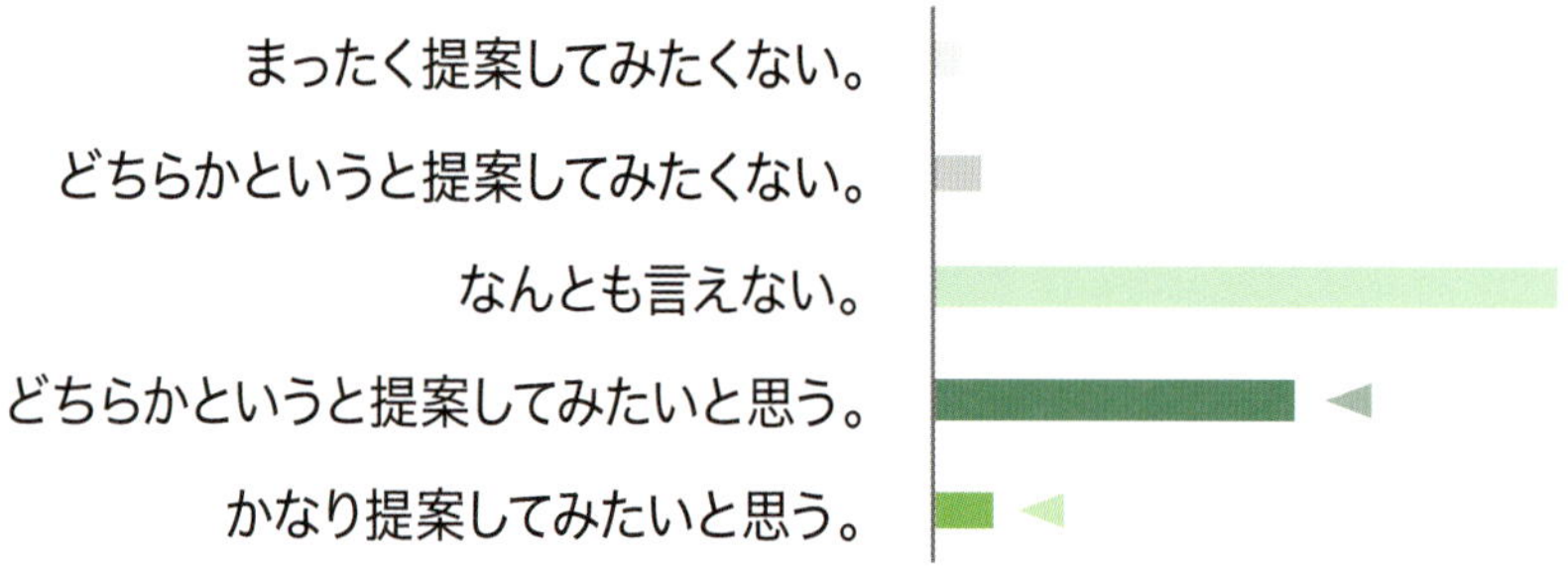

今後入居希望者およびその家族に

「ケアファーム」は興味・関心を持たれると思いますか？

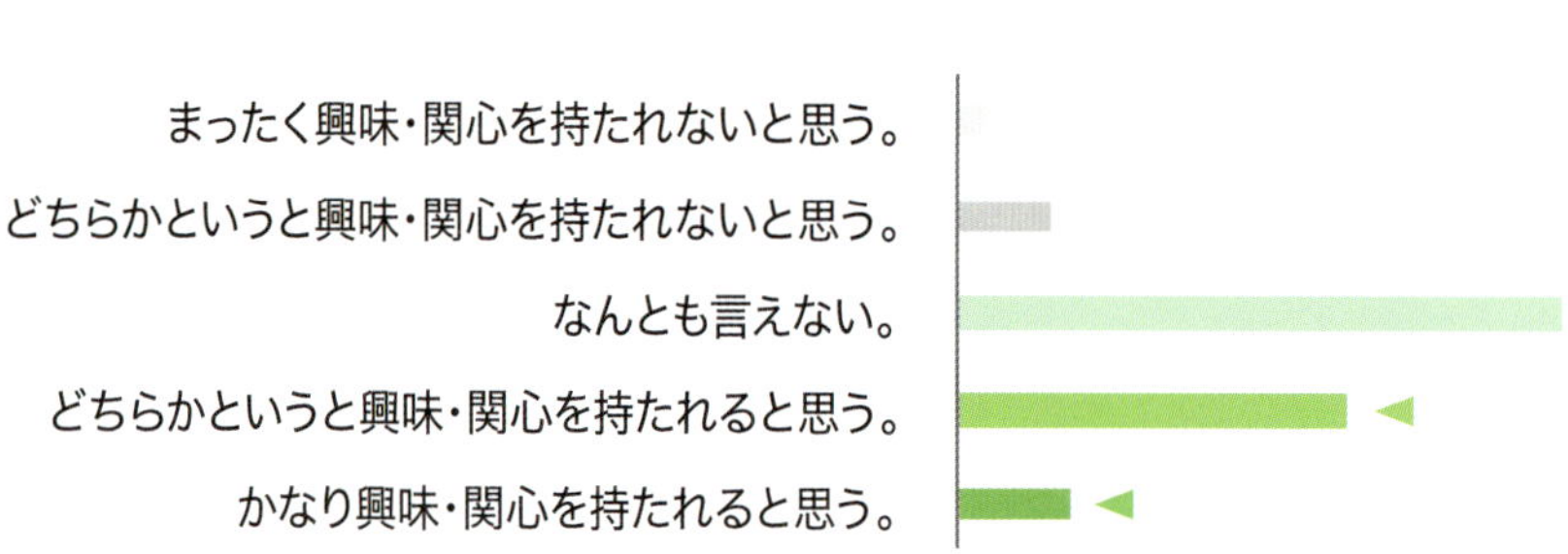

や設備よりも**アクティビティや交流、高度医療との連携を望む声が多く**、コロナ禍以降の「増加してきた生活に対する価値観」は利便性などよりも**健康・スローライフ、社会的なつながりなどの志向に変わってきている**のがわかります。

回答者の皆さんは、ケアファームについて初めて知ったという方が77％、ケアファームという言葉は聞いたことがあるという方が21％。言葉も内容も知っていると答えた方はわずか2％です。その日に初めてご覧いただき、プロとして当然保守的なご意見になるのは当たり前です。「なんとも言えない」が一番多いのは予想の範囲です。

しかし、**「どちらかというと興味・関心をもたれると思う」「かなり興味・関心をもたれると思う」という回答が、否定的な感想よりはるかに多く、「ケアファームを提案してみたいと思う」という回答がやはりその反対の感想よりかなり多い**のはとてもうれしいものでした。

これから望まれる高齢者住宅は、施設所在地のブランドや高級料理ではなく、安全・安心だけでもなく、やはり介護度に応じたアクティビティ、社会交流による生きがい、人間性の回復にあるようです。

なぜ日本でケアファームが普及していないのか

文化的な側面

需要は確かにあるケアファームが日本で普及していない要因はいくつか考えることができます。

まず初めに挙げられるのが文化的な要因です。以前の日本では家族が高齢者の介護を行なうことが一般的で、家族が責任を持つことが望ましいとされていました。こうした背景から、施設に入れるのは「家族の介護に限界があるため」「高齢者の安全を確保するため」といった場合に限られていました。つまり施設に求められるのは、そこでの暮らし方や生きがいではなく、安全・安心の確保だったのです。

生活スタイルを選択するための手段である自立型ホームの普及が遅れていることや、サービス付き高齢者向け住宅が実質安価な有料老人ホームとしての需要に支えられているのもそのためです。

ケアファームの普及を積極的に促進するために必要な政策や制度が整っていないことも考えられます。介護保険制度は整備されていますが、ヨーロッパに限らず、たとえばお隣の韓国でも2024年8月にケアファームの支援のための法律が施行されました。

さらに住宅街に位置することが望ましいとは思えないケアファームの建設を裏付けする都市計画法や農地法にまだまだ課題があることも事実です。

ノウハウ・専門家の不在

日本にはケアファームに関する知識やノウハウを持った専門家と呼ばれる人がいません。これはもちろん日本ではまだケアファームが浸透していないこと、認知されていないということも要因のひとつではありますが、ケアファーム王国オランダでも専門家がいるわけではありません。

オランダでは、ケアファームを運営する高齢者施設、障がい者施設は地域の組合に加入しています。組合はそうした組合加入組織に対して職員を派遣し、技術指導やアドバイスをしています。日本でたとえるとJAのように地域に密着して農業指導をするようなイメージでしょうか。

一方、オランダのような慣習がない日本では、こうした指導・サポートができる専門家が必要です。**そこで私たちは「専門家」としてケアファームに関する情報を発信・啓蒙しながら、参入アドバイスや運営ノウハウを広く共有していける組織を目指しているのです。**

運営事業者のケアファーム事業への参入に関しては、ケアファームそのものがまだ日本では浸透していないこと、菜園付き老人ホームとの違いの不理解、農園の運営ノウハウがないことなどが参入の障壁になっています。

また、過去に立地の利便性や土地のグレードで価格設定を行ってきたため、リスクに対する評価が難しく、集客の確実性や収益の即効性などがない限り、参入をためらうのも無理はありません。

しかしながら、**人間性の回復を目指す時代の流れとともにケアファームの需要は高まっており、採算性からも参入事業者にとってのメリットが多いのは事実です。今後ますます事業としての価値が高まっていくでしょう。**

農福連携の困難

2000年頃から使われ始め、2010年頃に定着した**農福連携**という言葉があります。農福連携とは、**障がい者が農業分野で活躍することを通じて、自信や生きがいを持って社会参画を実現していく取組み**のことです。

農福連携に取り組むことで、障害者等の就労や生きがいづくりの場を生み出し、担い手不足や高齢化が進む農業分野に新たな働き手を確保することができるとされていました。

そのころ農福連携のブームのようなものがあり、福祉施設が周辺の農地と連携（取得や借り受け）して農業を始めました。補助金がついてモデル事業として行われたケースもあります。その中には後継者不足に悩む周辺の農家から土地が持ち込まれ順調に拡大していくケースもありました。しかしながら、**現在その活動が広がっているとは言いがたい状況です。**

福祉施設での営農は**「福祉目的であるので採算が合あわないのが当然」**と捉えられており、他事業の黒字や補助金で赤字を埋めているため、**農福連携事業を拡大すると赤字が広がってしまう**のです。

では、採算が合わないのはどんな理由でしょうか。

❶販路がない

最大の理由はここにあるようです。販路を他の農業法人等と共同で確保している事業所は積極的に活動を広げているところがあります。しかし、自ら主体となって農産物を出荷しようという障がい者就業事業所は、販売までを含めたプロとしてスタートするわけではないので、基本的な販路がありません。農協を通じて近くのスーパーに卸すというようなことができないのです。かなり大規模に農業を手掛けている社会福祉法人が自らの販売店舗と自家消費に頼っている例もあります。

無農薬などをアピールして出荷できればお客さんも手に取りやすいのでしょうが、それでも一般的商流から外れている状況ではなかなか難しいようです。

フェアトレードの農福連携向けの販路が確保できれば、可能性は広がるでしょう。

❷技術と品質の問題

これは単に品質が高い、低いということではありません。

プロの農家は例えば商品として高く売れる時期を見越して温室を用意して出荷の時期を調整します。また、一般の商品として形・色・大きさなどの見栄えの揃った農作物を生産するなど、計画生産をしますが、障がい者事業所はそのようなことを行うには多額の投資とリスクを伴います。出荷量がピークに達する、つまりだれでも出荷できるタイミングで、ちょっと形が悪い野菜を出すとそれは価格が低く抑えられてしまうのが現実です。技術があれば、いい指導員がいれば簡単に解決できる問題でもありません。

❸経営規模の課題

家族経営のプロ農家はたとえ都市周辺でもヘクタール単位の農場を経営していることが珍しくありません。農場経営は技術と規模です。投資とリターンの計画です。必要なところを機械化して効率の良い生産をする必要があります。ところが障がい者就業の農場はたとえ周辺から利用できる農場が集まってきたとしても、それは分散していることが多く、機械化して事故が起こらないように管理するだけでも大変です。プロの農家とは違ったアプローチが必要なのです。

農福連携が単純に障がい者の就労支援とみなされてしまうと、工賃の安さだけに注目した「製品の袋詰め」のような単純なスポット作業や「出荷先のない野菜をルーチンワークで生産する」といった仕事を作るための仕事をすることになってしまう場合があります。

日本型ケアファームでは、農場の運営は単一的な事業モデルで運営するのではなく、農場規模や周辺環境などを個別に考慮し、注意深く設計していかなければなりません。しかし、それができるのもケアファームの強みなのです。

ケアファームが実現する未来

今後ケアファームが日本で拡大していくと日本はどのようになっていくでしょうか。

まず考えられるのは**農業を取り巻く環境の活性化**です。日本の農業は高齢化と若者の減少により人手不足が深刻化しています。ケアファームでは農作業を行う人材として障がい者を活用することで、農業の活性化や労働力の補完が可能になります。これにより地域農業の生産力が向上し、農村地域の経済活性化につながります。

また前述のように、ケアファームは地域住民、高齢者、障がい者が交流する場として機能することから、**地域コミュニティの再生や連帯感の強化につながり、地域全体の福祉向上が期待できる**のです。

さらに今日メディアなどで頻繁に見聞きするＳＤＧｓの面からも農業と福祉を組み合わせることにより、**環境に配慮した持続可能な社会の実現に寄与することができます**。地元で生産された農産物を消費することによってフードマイレージを削減し、環境負荷の軽減にも貢献します。

また、**地震や震災時に防災拠点として地域住民の生活を救うことが可能**です。ここで一例をご紹介しましょう。医療法人・社会福祉法人合わせて30法人、従業員1万4500人からなる湖山医療福祉グループは特別養護老人ホームのベッド数で日本最大の規模ですが、全国に散在する施設の過去の震災、また東日本大震災、石川県能登での震災の経験を活かし、今後予想される大震災のへの対応として大型特養の防災拠点化に取り組んでいます。

大型施設のベッド数を活用してローリングストック（冷凍した食事等をコンテナで保存し食材を回転させることにより在庫を多く持ち、被災した地域に即座に輸送できるシステム）を構築し、各施設に冷凍車や医療遠隔利用対応車など機能別の車両を常備し、被災地に必要な車両を各地から送り込む継続支援をすることができる体制を準備しています。

それだけではありません。大型施設は被災地域の被災者支援強化にもつながります。

現在井戸の設置やソーラーシェアによる水・エネルギーの確保にも取り組んでおり、いち早く被災地に向かい、作業を行なうボランティアの健康や作業環境も支援します。

以上のように、**ケアファームは現在深刻な課題とされているような問題を解決するうえで非常に有効な選択肢の一つです。**まだあまり認知度はないものの、多様なサービスを提供できる点から新たなビジネスモデルとして大きな可能性を秘めているのです。今後の日本にとって、ケアファームの可能性は計り知れません。

周知のとおり今や超高齢社会の日本ですが、その勢いは衰えることはなく、今後さらに高齢化は進む一方です。そして東京への人口の一極集中はより一層深刻になり、調査によると２０５０年には日本の総人口は２０２０年度比２１４６万人減の１億４６８万人となり、東京都を除く46都道府県で２０２０年の人口を下回ると言われています。

ケアファームは、都心の貴重な緑地を守りつつ、周辺地域の耕作放棄地を活用することで都市部の利用者を受け入れる役割も果たします。また、地域住民がそれぞれの生活やライフスタイルを維持できるよう支援します。これにより、利便性だけを追求する社会ではなく、人間らしさを取り戻す未来社会の重要な一部となるでしょう。

農園コミュニティを支えるシステム「デジ畑」

日本型ケアファームのコンセプトが地域多世代のコミュニティ形成であることはお話しました。

そしてその**コミュニティをいかにして育成するかに視点をおいたアプリケーションが「デジ畑」という管理システムです。**

農園にはたくさんの人が訪れます。野菜を育てる高齢者、様子を見にくる人、就労支援のスタッフ、高齢者の介護スタッフ、施設の管理スタッフ、あるいは体験農園のご家族など。

「デジ畑」はこうした多様な人たちの安全を確保し、農園の管理コストを最小にしながら、普段は出会わない人たちが積極的に交流できるように作られたシステムです。

具体的には、倉庫やトイレなどの閉鎖区域の安全と農機具などの危険物を管理する機能や、散水栓からの水が無駄にならないように管理する機能を備えており、畑にいま誰がいるかを把握して見守ることができます。

また、**「デジ畑」はいま畑にいる人と畑にいない人とをアプリケーション上で結び、相互の会話を確保する**ことによって、遠隔の利用者が自分の区画の様子を来園中の人に知らせてもらったり、水やりや草むしりなどの作業を依頼できます。依頼した作業の相互評価や作業費用の清算もできます。費用はポ

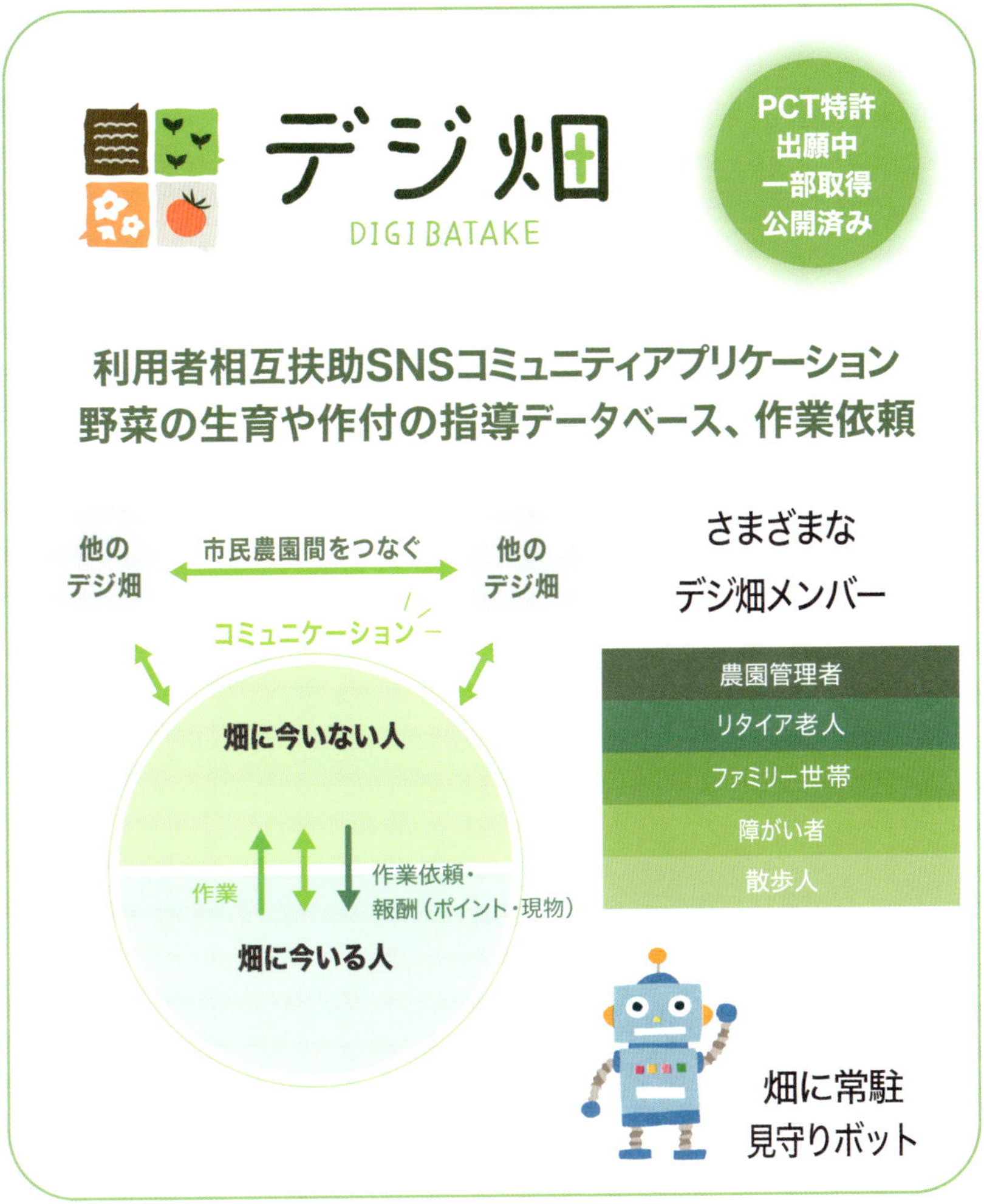
デジ畑
DIGI BATAKE
PCT特許
出願中
一部取得
公開済み
利用者相互扶助SNSコミュニティアプリケーション
野菜の生育や作付の指導データベース、作業依頼
他の
デジ畑
市民農園間をつなぐ
他の
デジ畑
コミュニケーション
畑に今いない人
作業
作業依頼・
報酬（ポイント・現物）
畑に今いる人
さまざまな
デジ畑メンバー
農園管理者
リタイア老人
ファミリー世帯
障がい者
散歩人
畑に常駐
見守りボット

イントや、時には実際の農作物で清算します。これは障がい者支援にもつながるでしょう。

他にも、実際に畑で作業できない高齢者へ農作業体験の共有をしたり、プロからアマチュアへ耕作技術を伝えるといったことも「デジ畑」で可能になります。

また、**「デジ畑」では自分たちがいる農園だけでなく、全国の農園、観光農園を訪問することができます。**移動手段が限られてしまう高齢者や障がい者が国内の別の畑やガーデンを散策することが可能になるのです。将来的に、遠く海外の地も訪れることができるようなったら楽しいと思いませんか。

デジタルツインという技術があります。リアルな実空間と仮想空間を双子のように造ってそこへ行き来するという技術です。

デジタルツイン技術を使ってその場所の今を生きと感じるためにはシミュレーションで作られた観光地そっくりの空間に単にVRで訪れるのではなく、今現在の観光地や畑の様子がリアルタイムに更新されなければなりません。そうでなければ実空間にいる人と仮想空間にいる人が会話したり実物の農作物を見ながらお土産を買ったりすることはできないのです。

「デジ畑」はそうした実空間と仮想空間のコミュニケーションをするための基礎技術と、それを実現するための手段をＰＣＴ（国際特許）申請し、すでに一部を権利取得して公開しています。

今後は今よりもさらにＩＴ技術が発達することが予想され、ＩＴを駆使した多世代の交流がより活発になると考えています。

技術の進歩とアイデアで様々な目的に活用できるケアファーム。私たちはケアファームには無限の可能性があると考えています。

第2章

事業としての
ケアファームのメリット

Chapter 2

土地所有者から見たケアファームのメリット

農地・生産緑地の後継者不足

　農地の後継者不足は大きな課題となっています。私たちが試験運用している狭山ヶ丘ケアファァーマーズの周辺の農地も、ときどきトラクターで雑草を増やさないために土をかき回しているだけで、実際には何も作っていない土地がかなりの部分を占めていました。

　農業を営んでいた世代は高齢化し、数少ない若手の農業者がその農地を借りて耕作していることもありますが、それでも農地は余っています。土地の賃料は所沢市の場合、1反（千㎡）で年間2万円が最大です。しかし聞いた範囲ではほぼ無料のところが多いようです。そこまでしなければ農地を活用する人もいないということでしょう。

　狭山ヶ丘ケアファァーマーズに指導に来てくださっている農家さんの耕作面積は所有地と借地を合わせて2町歩（2万㎡）あるそうです。これだけの広さがなければ、農家は専業の個人事業としても成り立たないということです。その農家さんは、ここから収穫した農作物を自家商品化するなどの工夫をして事業化しています。

広大な面積の農地で作業・管理するには機械化が必須で、さらに投資も必要。体力も知力も必要です。

高齢化し、ご子息があとを継がない農家では、長期的展望で投資を行うことができません。

さらに、日本の農地は反単位で所有していることが多く、個々の所有する農地面積が総じて小さいというのが現実です。一反につき一石のお米が取れるとされています。一石（千合）は大人が1日3合のお米を食べるとすると1年間分のお米です。つまり旧来の農家の農地面積は「自家消費＋α」程度の規模だったわけです。町単位で面積が必要な事業農家には、これでは足りません。

または少ない土地でビニールハウスなどを建設し、集中的に単価の高い作物や園芸品などを生産する方法もありますが、これはやはり**長期的展望で多額な投資が必要で、当然リスクも伴うため、後継者のいない農家には困難なのです。**

農地は農地として管理しなければならない義務があります。放置していると雑草などの種を飛ばして隣接の農地に迷惑をかけてしまう懸念もあります。したがって、収入にならず投資もできない農地は、**商業的価値のある土地であれば転用されてしまいます。こうして都心部の貴重な緑地がなくなっていきます。**

一方で、**郊外の商業的な価値のない土地、市街化調整区域で宅地などへの転用が難しい土地は、**なんとか雑草が生えないように管理していても、やがて管理しきれなくなり、もとには戻せない**耕作放棄地となります。**

こうした**農地の後継者問題、都市緑地の荒廃の問題は今後ますます深刻化していくと思われますが、これらをケアファームを中心に考えてみると、問題解決の糸口が見えてきます。**

そこでここからは、

- **都市部の生産緑地**
- **都下・主要都市周辺の生産緑地**
- **郊外の農地・宅地**

の3つのパターンを取り上げて、いかにケアファームがこうした問題への解決に有用であるかを見ていきたいと思います。

【都心部の生産緑地】の場合

農地を所有していても、そこからの収入がなく、農地保全のためにやむなく農地管理だけをやっている場合、後継者がいなければその管理もままなりません。そうであればいずれ宅地化するほかなく、その後は売却などで手放すか、土地活用で宅地の課税に耐えられるだけの資産運用をするかの選択に迫られます。

生産緑地には投資に向く土地と投資に向かない土地があるため、それぞれ違ったアプローチで活用方法を考える必要があります。中でも投資に向く土地の代表が「都心部の生産緑地」です。

都心部の生産緑地であれば商業的利用方法がいくつもあります。賃貸マンション、アパート、駐車場あるいは分譲マンション用地として売却するなどです。駅から近いなど、宅地化した際に利便性がよく、マンションや商業施設など多額の投資をしても将来の人口変動や需要のバランス変化に耐えられる投資ならば安心してできます。また、事業資金の借入れもしやすいため、不動産会社、あるいは建設会社から多くの提案が寄せられます。

実際こうした提案を実行し、農業での所得はほとんどないのに不動産での収入が十分にあるという農家も多く存在します。

とはいえ、管理が大変な農地を「中途半端に残してもしょうがないから」という消極的な理由で宅地化したり売却する選択をしてしまうなら、**第三の選択肢としてケアファーム化を視野に入れてもいいでしょう。**

農地の管理はケアファームの運営側に委託すればいいので自らの労力を費やす必要がなくなり、なおかつ税率の低い農地のまま相続ができるため、相続税・固定資産税の面でも有利です。

またご本人は、長らく続けた農業の経験や知識をケアファームに集まるさまざまな人たちに伝え教えるという有意義でやりがいのある仕事を得ることもできるのです。

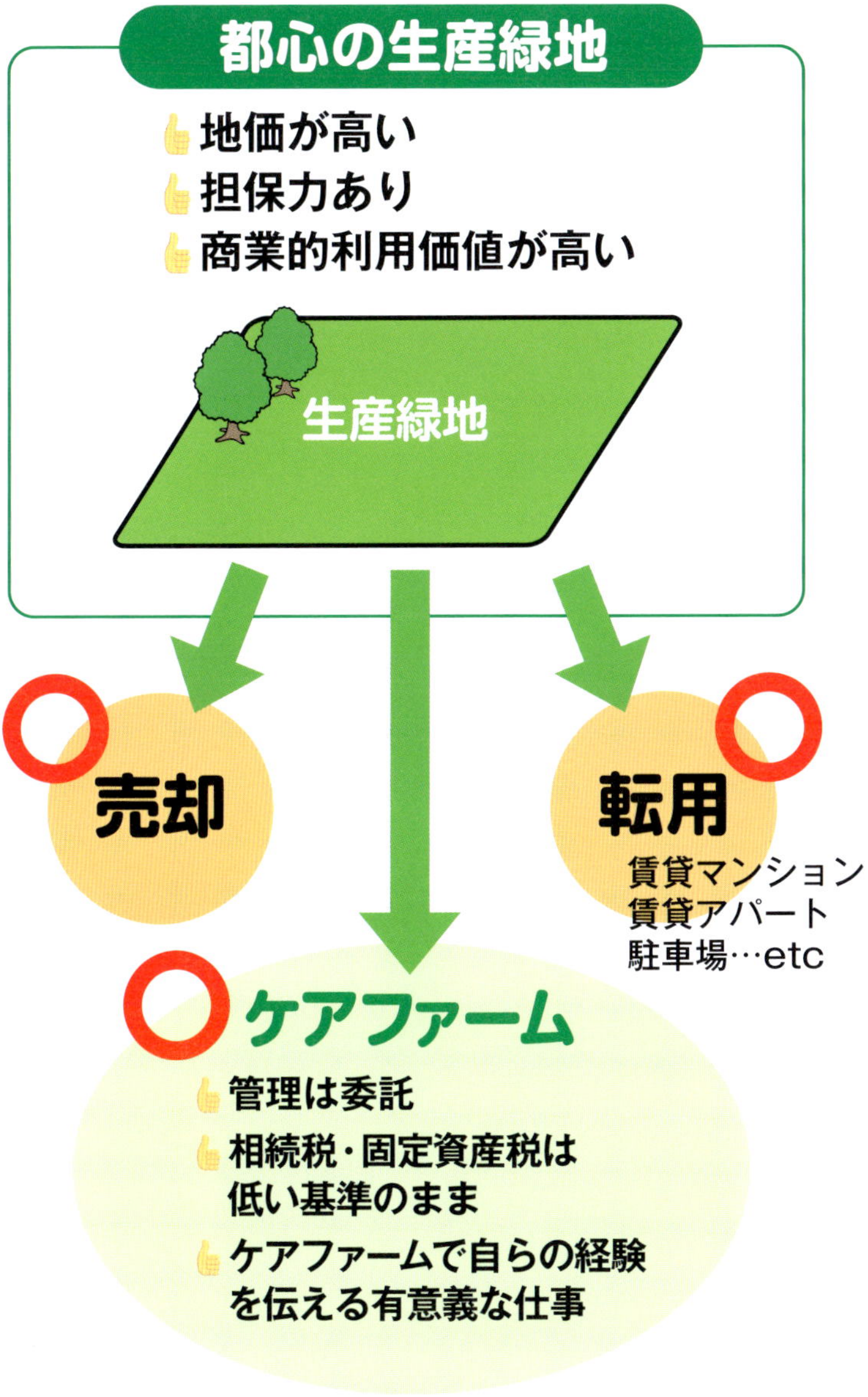
都心の生産緑地
地価が高い
担保力あり
商業的利用価値が高い
生産緑地
売却
転用
賃貸マンション
賃貸アパート
駐車場…etc
ケアファーム
管理は委託
相続税・固定資産税は
低い基準のまま
ケアファームで自らの経験
を伝える有意義な仕事

【都下・主要都市周辺の生産緑地】の場合

大都市の都下や主要都市の周辺部など、駅から離れていたりバス便エリアの生産緑地や市街化区域内農地の場合はどうでしょうか。

以前は、このような土地には土地活用のために多くのアパートが建てられました。しかし、いまや人口減の時代です。こうしたアパートは当初の目論見通り運用されていません。

現在このような土地で一番なじむ利用方法は戸建て分譲の宅地です。しかしこれは土地の売却が前提となり、開発のための上下水道の施設、道路等の造成による土地の目減り、工事費さらに、宅地開発業者の販売手数料、利益等を考えると、周辺の宅地とは比較できないほどの安い買取価格になってしまいます。また、都心部の生産緑地のケースと同じで、農地の耕作の継続が難しくなっただけで決して手放したいわけではないというケースも多いでしょう。

このような場合に、ケアファームは有力な活用方法になるでしょう。

こうした都市部周辺の土地は、基本的に路線価が高く、担保力がある土地です。担保力を生かし一部を開発してケアファームの建物を建てて、与信力の高い高齢者住宅事業会社に賃貸する。残地は農地のまま維持し、管理はケアファームの運用に任せることができます。

家賃保証の期間が短く少子高齢化により将来の経営が不安定なアパートに比べ、高齢者住宅は利用者の人口が２０４０年頃まで増加することがわかっています。

また、高齢者住宅の賃貸契約の家賃は通常20年以上の長期の契約期間内で一定であることが普通です。さらに入退去時のトラブルや空室期間がなく、安定した運用が期待できます。

大事なポイントは、都市部の生産緑地と同様、残地は後継者の手間を不要としながら農地のまま承継することができ、その相続税の評価額は農地のまま低い基準である点です。

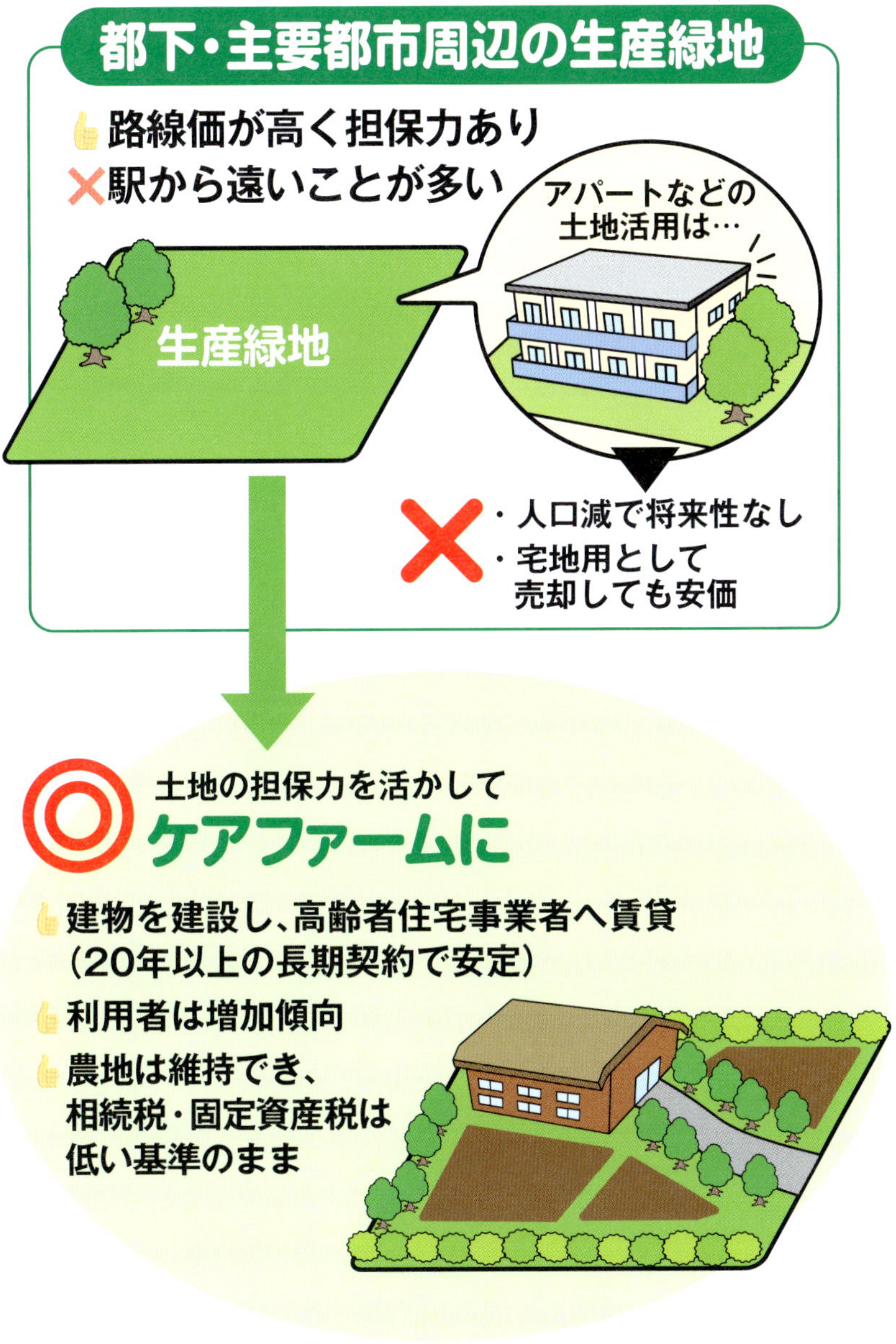
都下・主要都市周辺の生産緑地
路線価が高く担保力あり
駅から遠いことが多い
アパートなどの
土地活用は…
生産緑地
・人口減で将来性なし
・宅地用として
売却しても安価
土地の担保力を活かして
ケアファームに
建物を建設し、高齢者住宅事業者へ賃貸
(20年以上の長期契約で安定)
利用者は増加傾向
農地は維持でき、
相続税・固定資産税は
低い基準のまま

【郊外の農地・宅地】の場合

都市周辺には市街化調整区域の農地が広がります。しかし機械化による効率化と大量生産が必要な現代農業において、それら農家の所有地は生業として露地栽培や田を行うために必要な面積に満たないことが多く、専業農家は極めて少なくなっています。

さらに、後継者は都心に仕事や住居を持つことが多く、実家である農家の高齢化により農地の管理が困難になります。時々トラクターで雑草を処分するだけになったり、さらには放置され雑木が生えて農地に戻すことすら難しくなった荒廃した土地が存在します。これらの土地は例えば東京であれば山手線から外側に30分ほど電車に乗った駅の周辺にも多数存在するのです。

農地としての事業性に乏しく、さらに市街化調整区域であるため不動産としての価値もありません。しかも農家は農地を管理し維持する義務があるので、後継者は草刈りなどを継続しなければならず、たとえ相続放棄してもこの義務は逃れられません。言うなれば負の遺産とも言えます。

市街化調整区域にある既存の宅地も、以前は無条件で都市計画法による開発許可が得られましたが、法改正により既存宅地の開発条件が行政により定められ、簡単に利用できなくなりました。

法律的な土地利用の制限だけでなく、経済的理由により郊外の農地や宅地が活用困難な理由があります。それは、不動産投資による活用には多額の借入金が伴うということです。借入金には担保が必要で、通常は完成する建物の担保に加えて借入額の何割かは土地の担保力に負うところが大きいのです。ところが市街化調整区域の土地、特に農地はその利用しにくさから担保力がありません。多額の自己資金を要する不動産投資は極めて難しいことが多いのです。また、ケアファームで建設する高齢者住宅はその工事費が数億から数十億に達することもあり、一般的な農家さんには手にあまることの方が多いでしょう。

郊外の農地・宅地
×農家の後継者不足により荒廃しがち
×事業として成立する面積に満たないことが多い
×農地を管理する義務あり
×市街化調整区域のため不動産価値が低い
×担保力なし
市街化調整区域内
宅地・農地
×営農
×転用
◎ケアファーム
福祉施設と市街化調整区域の開発条件には親和性あり
農地を維持でき、後継者問題を解消
ESG投資の対象としての魅力を備えており、担保力の低さを補える

しかし、このような土地もケアファームの適地になり得ます。

第一の理由は、高齢者住宅などの福祉施設と市街化調整区域の開発条件には親和性があることです。市街化調整区域に一般の建築物を建設することは原則不可能ですが、福祉施設は建設できるケースがあるのです。

さらにケアファームにおける農園の存在、そこでの障がい者福祉事業は、遊休農地や放置農地を再利用できるという意味で有意義であるため、行政が味方になってくれるケースも多いのです。

また、特別養護老人ホームは市街化調整区域の開発のみならず、農業振興地域からの除外、第一種農地からの農地転用なども可能になります。

郊外の農地がケアファームの適地になり得る第二の理由は、市街化調整区域の担保力を解決する手段にあります。私たちが提案する日本型ケアファームにおいては、社会福祉法人は農地法第三条例外規定により農地を所有することができますので、売却した農地が潰されることなくケアファームとして生かされるのを見守ることができます。もちろん農地の一部には建物の建設がありますが、そうした費用もすべて社会福祉法人が負担してリスクなくご自分の土地が活かされます。また土地を売却したくなければ定期借地50年を設定し、最大50年後に建物を解体して土地を返却してもらう契約にすることも可能です。

特別養護老人ホームは社会福祉法人が建物を建設することが一般的ですが、高齢者住宅の大部分はその建物を所有する大家とその建物で高齢者住宅を運営する事業会社が別であることが普通です。後ほど解説しますが、日本型ケアファームは大企業がＥＳＧ投資と自社の障がい者雇用義務への対応のため、ケアファームを所有し不動産家賃収入を事業とすることにメリットがあります。大企業がケアファームという不動産事業に投資する担保は、その土地の所有権ではなく、それを借りて運営する事業会社さんの長期にわたる賃貸契約です。

つまり大企業は土地を担保にするのではなく、その後の事業運営による利益を担保とするため、現在の土地の価値は問わないというわけです。

高齢者住宅事業を行う会社の信用が高ければ、自社の銀行に対する信用を生かして、大型の建物を建設することもできます。したがって、地主さんから土地を買収することも可能ですし、また所有にこだわらないことが多いため、やはり定期借地を設定することも可能なのです。

雨の日の指導者講習会

企業から見た投資メリット

投資対象としての魅力

先述したように、日本型ケアファームは寄付やボランティア、公的な負担に過度に頼るのではなく、企業の投資対象に適した低層木造建築と障がい者就業支援の農場とを組み合わせることによって運営を実現します。

では、日本型ケアファームは投資をする企業にとってどのような魅力を持っているのでしょうか。

結論からお伝えすると、**日本型ケアファームは利用価値が低い資産を収益資産に変え、企業に障がい者雇用義務の解決を提供し、なおかつそこへの投資はＥＳＧ投資の表明となる、**ということです。

高齢者住宅と障がい者雇用支援事業を連結し、そこに市民農園を併設することで相互支援の場を創造することは、ＣＳＲ的にもメリットとなります。

また、農地と都市緑地の荒廃や後継者不足などの社会問題を解決しながら、経済的メリットも得ることができることも魅力でしょう。さらには農地の担保力不足、市街化調整区域の開発の困難を企業の投資力と、社会性のある計画による行政の協力によって解決することで、これまで手をつけられていなかった収益事業を手にすることができるのです。

つまり**日本型ケアファームは、経済・社会・環境のトリレンマを解決する魅力に溢れた投資対象だ**と言うことができるのです。

農場併設の
低層木造高齢者住宅 × 障がい者雇用 × 企業による
ESG投資

▼

経済・社会・環境のトリレンマを解決する

**それは、
利用価値が低い資産を収益資産に変え、
企業に障がい者雇用義務の解決を提供し、
ESG投資の表明を行うことにもなる**

SDGs、ESG投資、インパクト投資

日本型ケアファームを提唱する私たちは、ＳＤＧｓ（持続可能な開発目標）の17の大きな目標のうち、次の6つをテーマとして取り上げています。

3　すべての人に健康と福祉を
8　働きがいも経済成長も
11　住み続けられるまちづくりを
12　つくる責任　つかう責任
13　気候変動に具体的な対策を
15　陸の豊かさも守ろう

これらの6つの目標を達成するためには、環境（Environment）と社会（Social）の課題解決に貢献し、企業統治（Governance）の適正化に取り組む投資をすることが必要です。これがＥＳＧ投資です。

さらにこの中で、経済的リターンと並行して、ポジティブで測定可能な社会的・環境的インパクトを同時に生み出すことを意図する投資のことをインパクト投資といいます。インパクトとは社会に対するポジティブなインパクトです。そして、日本型ケアファームには4つのインパクトがあります。

❶高齢者や要介護者の生きがいに、多様性とコミュニケーションを提供する
❷障がい者雇用のありかたに、より一層のやりがいと生きがいを提供する
❸都心の緑地のサステイナビリティーを守り、都市郊外の農地を荒廃から取り戻すコミュニティーを作る
❹木材、それも国産木材を使い、建設までのCO_2削減と炭素固定を具体的な例として社会に提示する

この日本型ケアファームのインパクト❶と❷と❸をミッションとした❹による不動産投資を私たちは提唱しています。

では、この投資のメリットをより詳細に見ていきましょう。

SUSTAINABLE DEVELOPMENT GOALS
3 すべての人に健康と福祉を
8 働きがいも経済成長も
11 住み続けられるまちづくりを
12 つくる責任つかう責任
13 気候変動に具体的な対策を
15 陸の豊かさも守ろう

木造と脱炭素

新聞を見ると脱炭素についての記事が見つからない日はないといっても過言ではありません。各種制度などにより、特に大企業においては相当の強制力や達成へのコミットメントが求められているのが現状です。

放出するCO_2の削減対策としては、脱炭素のための再生可能エネルギーの利用や、原子力発電への再検討のほか、**建築物の木造化**があります。

鉄やセメントは石炭を燃やして作るため、製造過程で大量のCO_2を発生するのに比べ、木材は空気中のCO_2を吸収しながら育ち、建材の製造中にCO_2が発生しないだけでなく、それが建物としてある限りCO_2を固定します。解体時に燃やしてしまえば固定していたCO_2は空中に戻りますが、例えば炭化して土壌改良剤として畑に撒けば、土中に安定的に固定されます。

たとえば**延床面積6000㎡の建物を鉄筋コンクリートから木造に変更**すると、建築時のCO_2排出量は1800トン減、国産木造にすると輸送によるCO_2排出量はさらに削減が可能です。また、この建設により1080トンのCO_2が固定され、**一棟の建物で約2900トンの削減固定となります。**これはトヨタクラウン3900台が1年間に排出する量とほぼ同じです。

建設投資はGNPの約10％に達するかなりのボリュームです。したがって建築物の木造誘導化は脱炭素や環境保全には大きな意味があります。

現在、建物の木造化については国を挙げて取り組んでいます。2000年頃までは、木造と言えば戸建住宅と2階建アパートくらいしか思いつきませんでしたが、それ以降、木構造計算が普及し、その基準によって金物等の使用により大規模な木造建築の耐久性の確保が一般化されました。

また、2000年には木造耐火構造建築物のカテゴリーが設けられ、2015年には具体的な基準が制定され、さらに準耐火構造のカテゴリーが設けられたのが2005年、具体的な基準は2009年に設けられています。

住宅の製造時二酸化炭素放出量の比較

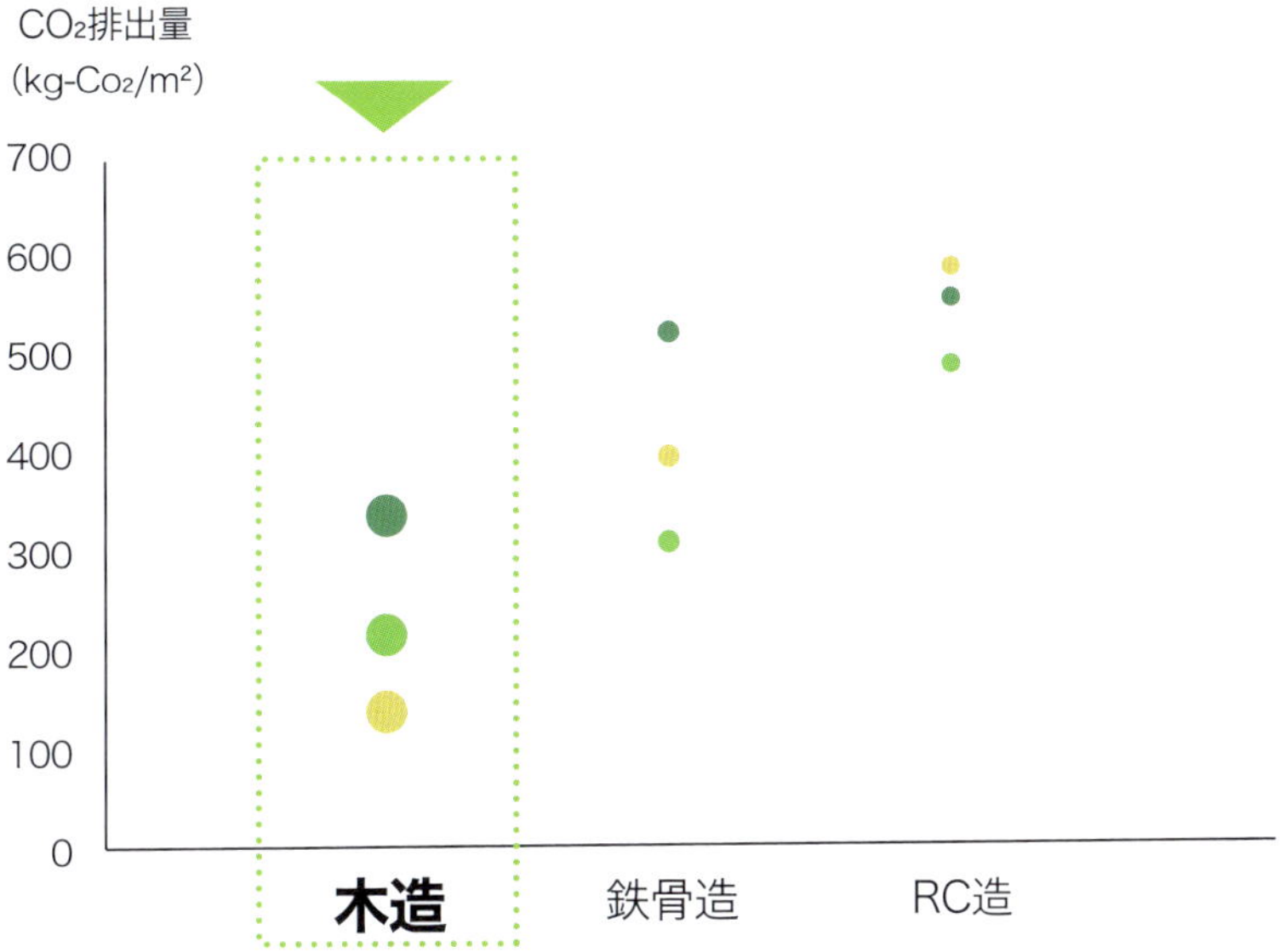

● 岡崎泰男・大熊幹章：炭素ストック、CO_2放出の観点から見た木造住宅建設の評価、木材工業、53(4)、161-165（1998年）
● 酒井寛治・漆崎昇・中原智哉：建築資材製造時の二酸化炭素排出経時変化と土木分野への影響、環境システム研究、25、525-532（1997年）
● 日本建築学会：建物のLCA指針第3版（2006年）データベース表232（国内消費＋資本形成分のみ）
から作成

学者により評価は異なるが、鉄骨やRC造に比べて木造が圧倒的に少ない

構造計算による中大規模の木造建築の裏付けの他、大型になる建築物や、公共性の強い特殊建築物に対する耐火性能が合理化され、また水道直結型スプリンクラーの利用開始など消防法の改正も含めて、大型の木造建築の普及への準備は急速に進んでいるのです。

そして日本型ケアファームでは、高齢者施設を大型の低層木造建築で設置するため、脱炭素に大きく貢献が期待できるのです。

ZEBとグリーンリース

日本型ケアファームのサステナビリティや投資の適格性は木造の脱炭素という理由だけにとどまりません。

ZEB（Zero Energy Building）とは、ある建物においてその建物が使うエネルギーの量以上に発生させるエネルギーの量があり、建物にエネルギーが必要ないことを言います。とはいえ、建物にはいろいろな使い方があるので、省エネを目的とする規格としていろいろなZEBが規定されています。たとえば、工場や事務所など日中しか稼働しない建物はその時間帯に太陽光パネルで発電してその需要を賄うという方法がありますが、日本型ケアファームの高齢者住宅は24時間稼働であり、また照明や空調のみならず、大量の給湯も必要です。このような建物が目指すのが「**ZEB Ready**」です。ZEB Readyとは、エネルギーの使用料を2010〜2011年のエネルギー使用量を参考として基準値の50％以下とする再生可能エネルギーを備えた先進建築物です。

数年前までは先進建築物とするための投資が必ずしも経済的メリットにはならない状態でした。しかし今般、環境性能の高い建築部材が標準化し、結果として価格が下がっています。また、光熱費が上昇しているためZEB Readyへの投資は経済的にもメリットがある投資となります。

日本型ケアファームはZEB Readyの取得を原則としています。これはまた**日本型ケアファームを取得する企業、運営する企業のESG投資への表**

明を意味します。

日本型ケアファームを含め、建物を利用する多くの事業は、建物の所有者と運用者が異なる形態で運営されています。ZEB Readyのような省エネに対する投資を行うのは基本的に建物所有者であり、結果として光熱費の削減というメリットを享受するのはその建物の運用事業者です。

つまり、省エネに大家さんが投資しても、店子さんの家賃が変わることはないのが普通です。これでは大家さんのメリットはほとんどありません。地球環境によい省エネ投資がなかなか進まないのはこのためです。

この矛盾を建物所有者と運営事業者がフェアな配分をする取り組みのことを「**グリーンリース**」といいます。つまり、省エネに対する投資の分を、期待できる光熱費の低下として計算し、家賃に上乗せすることにより双方が省エネによる経済的メリットを享受することができるのです。

木造の法定償却年数と経済的耐用年数

大型の建物を計画する際に木造を採用したいと言うと、鉄筋コンクリートや鉄骨に比べてその強度に不安を感じる人がいます。その際にお答えすることは「今の木造は以前の構造と別物です。弱いとすれば洪水や土砂災害に対してくらい」ということです。

ところが木造にはもう一つ弱点と言われていることがあります。それは「耐久性」です。木材は腐るから耐久性がない、シロアリの発生があるから弱い。これはある面では正しいでしょう。木材を湿度の高い状態で長時間放置すれば、腐朽菌が繁殖する場合がありますし、シロアリが発生したまま放置するわけにはいきません。しかし、木造の耐久性が低いかどうかという質問に対しては、海外や日本に数百年の歴史を持つ民家や寺社が存在することを思い出してくださいとお答えすれば十分でしょう。

鉄筋コンクリート造は1849年に発明された植木鉢から始まります。その後建築物に使われるようになったのですが、その歴史は200年に満たない

グリーンリースに取り組むメリット

	ビルオーナー	テナント
経済的メリット	建物全体の運営コスト削減 ・維持管理コストの削減 ・環境性能が高い設備機器の導入機会の拡大	光熱費等削減
	環境不動産としての価値付与 ・テナント保持の優位性 ・稼働率安定等に基づくNOI[注1]改善 ・ESG投資[注2]を志向する投資家への訴求力向上	従業員の生産性の向上 原状回復費の削減 ・環境性能が高い設備の撤去免除等
社会的メリット	CSR[注3]向上 ・環境不動産の普及促進 ・CO2排出量削減 ・企業イメージアップ	CSR[注3]向上 ・環境不動産の普及促進 ・CO2排出量削減 ・企業イメージアップ
その他 **（利用者の満足度）**	テナントの満足度向上 ・入居期間の長期化 ビルオーナー・テナント関係性の構築・深化	執務環境の改善・従業員の健康や快適性向上 ・室内空気質の改善 ・温熱快適性の向上 ・室内照度の最適化 ビルオーナー・テナント関係性の構築・深化

（注1）NOI：Net Operating Income　純利益

（注2）ESG投資：投資家の投資プロセスにおいて、E（環境）、S（社会）、G（ガバナンス）の観点を反映し、投資先にもESGについて取り組むように求める投資姿勢

（注3）CSR：企業の社会的責任（Corporate Social Responsibility）

＜グリーンリースガイド（国土交通省）より引用＞

と言えます。壁の表面から内部の鉄筋までの間に詰まっているコンクリートのアルカリ性が鉄筋を錆から守るのですが、コンクリートは空中の二酸化炭素により徐々に中性化されます。この中性化が鉄筋に達するまでの時間は60年から65年と言われていますす。

建築後数百年の民家や寺社は風通しのよい環境で適切に管理されており、現代においても木造を75年から90年、3世代の耐久性を持たせるための公的建築仕様が定められています。

実は建物の耐用年数というのはその構造で決まるのではなく、機能性で決まることの方が多いのです。例を挙げましょう。

築35年の古い公団住宅（法定耐用年数47年）でエレベーターもない4階建て。階段の両側に二つの住戸の玄関がある形式を中階段式と言います。玄関を入るとトイレやお風呂のエリアがあって、その奥にDKがあります。目を転じると外側に向けて和室が2つ並んでいる。これは田の字プランと呼ばれています。このような集合住宅をエレベーター付きで間取りも現代風に作り変えると、新築するくらいのお金がかかります。再利用するためにはおそらく取り壊しが前提となり、経済的耐用年数は法定耐用年数を迎える前にすでに終了していると言っていいかもしれません。

要するに、木造建築物の「法定耐用年数木造22年」には何の意味もなく、適切に管理さえすれば経済的耐用数は鉄筋コンクリートや鉄骨に劣るものではないということです。

なぜこのような話をするかというと、法定耐用年数は木造建物の建設計画に大きな影響を及ぼすからです。

本当に耐用年数が22年だとしたら、銀行は22年以上の期間でお金を貸すことに躊躇するはずです。

また、木造建築の所有者の財務事情の評価にも影響を与えます。法定耐用年数22年ということは、減価償却費が建設費の1／22ということです。仮に同じ金額で建設した鉄筋コンクリートの建物があるとすると、法定耐用年数47年、つまり減価償却費が建設費の1／47となり、これがお金は出て行かないが決算上の費用として認められます。つまり、木造のほうが2・14倍多いのです。

これにより建設時から22年間は決算上の費用が多く認められるため、他の収入との通算を含め税金が安くなります（節税効果がある）。ところが、税金が安くなると喜んでばかりはいられません。

上場企業やファンドなど、出資者がいて利益を適正に配当することを目的としている場合、バランスの悪い減価償却費で決算上の利益が低くなるのは困るのです。

さらに、22年間が耐用年数とすると、鉄筋コンクリートに比べ急速に建物の帳簿上の価格が下がります。これを売却する場合、耐用年数の残りの少ない建物への買い手の評価が厳しいものとなり、そのため鉄筋コンクリートのほうが中古の価値が高くなりがちです。バランスシート上の評価が下がるのも会社の評価上好ましくありません。

木造の高層ビルが計画される時代に、耐用年数22年を基準にした銀行からの借入年数では事業が組み立てられません。またこれを投資とした場合に長期の配当を得るために、やはり事業計画上は実情に沿った経済的耐用年数が必要になります。

これについては、ここ数年で大きな変化がありました。銀行は建物の仕様やメンテナンスを条件に貸出期間を長くする流れとなっています。

また、福祉施設のための公的融資、福祉医療機構のような公的機関でも、これを条件に木造の貸出期間を鉄筋コンクリートと同じに設定しています。

こういったことを踏まえ、事業計画上は法定耐用年数に対して適切な経済的耐用年数を設定することで、財務的な正当性を証明し、出資者に対して説明責任を果たさなければなりません。

ＥＲ（エンジニアリングレポート）というものがあります。しかるべき機関が建物を評価し、証明することを生業としているのですが、数年前は木造の耐用年数に対しての理論的根拠がないという理由で長期間の木造建築物の経済的耐用年数をレポートしてはもらえませんでした。しかし最近はかなりその評価が一般的になり、躯体に関しては48年など、鉄筋コンクリートの法定耐用年数を超えるレポートも出るようになりました。これにより大型木造の事業計画も策定ができるようになります。

木造ケアファームの建築コスト

現在（2024年7月）、建築工事費の上昇は著しいものがあります。円安による輸入建材の高騰、人件費の高騰が止まりません。特に建設関係の職人さんは高齢化が進み、人手不足にも拍車がかかっています。過去に低い人件費が原因で引退する職人さんが多かったなか、急に人件費が上がってもそう簡単に戻ってきてはくれません。若手の外国人労働者が円安により来日するモチベーションも下がっています。さらに2024年4月からの建設工事における労働時間の特例が廃止され、工事着手が数年先まで不可能な下請さんが現れてきているほどです。

この傾向は簡単に解消はしないので、建設工事費が今後下がる見込みについては悲観せざるを得ません。鉄筋コンクリートや鉄骨による建設は既に福祉施設の建設コストとしては採算が取れない段階に達しているのです。

しかし、木造はその躯体や内外装のコストが安いため、非木材に比較して建築コストは低く、特に準耐火構造では非木造の80％程度のコストに抑えられます。

また、木造は建物のライフサイクルにおいて、最終段階の除却コストにおいても非木造に比較して低いため、所有者のコストメリットは大きいのです。

さらに、日本型ケアファームはその土地のコストが非常に低いという特徴が挙げられます。通常の不動産投資は建物と土地の総投資額に占める土地の価格は高く、建物よりも土地のほうが高額であることも珍しくありません。しかし、日本型ケアファームは非木造と比較した建築コストの差額で土地が買収できる可能性も十分にあるのです。

ケアファームの管理コストと契約形態

社会福祉法人や医療法人を除く民間の福祉施設は、そのほとんどが建物の所有者と運営事業者が別々という事業形態になっています。高齢者住宅を運営事業者が賃借する事業モデルなのですが、商業施設や一般住宅の賃貸と大きく違う特徴があります。それは、賃貸契約期間がきわめて長期であることです。20年から30年の長期間、原則として賃料が固定されていることが普通です。またその解除も原則禁止であり、同様の条件の借主がいて初めて解除が認められるケースであったり、契約期間内の家賃をすべて支払う条件が付いているケースもあります。空室リスクを考えると単一テナントによる長期契約、管理の容易さや管理コストの低さは魅力です。

ただし、借りる運営事業者が破綻してしまっては、契約が守られなくなるので、建物の所有者は長期に渡って安定した企業をパートナーとして選択しなければなりません。

また、以上のような経済的メリットの他に、建物の所有者が障がい者雇用義務の職場として、高齢者住宅運営事業者にサービスを提供できる機会を得ることや、企業としてＥＳＧ投資への表明を行えるなどのメリットがあることは前述のとおりです。

地方創生

大企業が建物所有者として取り組むケースだけではありません。日本型ケアファームはそれにかかわる大部分の産業（高齢者福祉事業、障がい者福祉事業、農業、不動産業、建築業、国産木材としての林業、食事の提供など）は地元に密着した産業です。さらに、それは都市部ではなく都市周辺部や地方の市町村での取り組みに親和性が高い事業です。たとえば地域の金融機関が中心となり地方創生の課題としてファンドを組むなどして地域の福祉に各産業の力を合わせることができればすばらしいのではないでしょうか。

企業がケアファームへ投資するメリット

**単なるCSRではない。
収益性も障がい者雇用義務への対応も。**

建築コストの低さによる収益の確保

・非木造と比較して、建築コストが80%程度
・除却も含めた、ライフサイクルコストの低さ
・土地が極めて安価なケースもあり、非木造と比較した
建築コストの差額で土地が買収できる可能性

大手オペレーターによる長期安定収入

・長期間家賃を変更しない契約はヘルスケアの特徴
・コーポレートファイナンスで必要な担保を確保
・貸地による建設も検討可能

シンプルな管理＋管理コスト削減

住居系やテナントビルと比較した時の、
単一テナントによる管理の容易さ、コストの低さ

障がい者雇用機会の提供

障がい者就業支援事業所との協業だけでなく、
企業の就業者雇用義務制度にも対応

大きな減価償却費を取るか利益を取るか

総投資金額（土地建物）に対する、償却資産の割合の高さによるCFの改善、PL改善のためにERによる経済的耐用年数の長期化のエビデンスも取得可能。

ここ数年の木造建築の評価環境の変化は大きい。

脱炭素への表明

中小企業や個人にも**手が届く表明**

介護事業者にもたらすメリット

高齢者住宅が他との差別化を図るためには、どのような課題があるでしょうか。

第1に、ケアの量と質です。日本では、要介護者への介護は介護保険を中心に組み立てられており、入居者数当たりの人員配置を量とし、技術や姿勢を質とします。どの現場でも真摯に取り組まれていると思いますが、介護保険制度のルール内では、なかなかその差が表に出にくくなっているのも事実です。

第2に、建物の立地と広さです。高齢者住宅とはいえ、これによる価格差は歴然とあります。訪問のしやすさ、近隣に外出する時の便利さ、地域のブランドも影響があるでしょう。ただし介護施設としてみた場合、外出の機会は少ないため、一般住宅よりその差はやや弱まります。

第3に、食事です。アクティビティが減少する老後の生活にとって、食事は最大の楽しみとなります。満足度向上のために、良い食材を使用し、プロの料理人が調理し、それぞれの好みに合わせたできたての食事を提供すれば当然コストがかかります。ある程度リーズナブルにするには、工場で作った食事を提供するなどの方法を取らざるを得ません。

第4に、サービスです。ヘルパーさんが対応できることは限られており、充実した対応や各種アクティビティの提供、プロが整備した庭の配置など、サービスの充実には、それぞれに費用が必要になります。

現状の介護施設は、日本の介護保険制度下でケアの量と質に影響する入居者の「介護度」、住居の場所やサービスにかかる「費用」という2軸により平準化され、それ以外の個性が失われているというのはすでに述べた通りです。

衣食住、介護と医療において安全・安心が確保できても、広いお部屋に一人住まいで、サービスの充実した豪華な環境にいても、生きがいを感じられない方、訪問客も外出する意欲もなくしてひっそりと暮らしている方がいます。暮らし方の好みは人それぞれですが、介護度と費用の2軸に加え、3軸目として「生きがい」を持ちたいというグループがいるという調査結果があります。

あまり費用をかけず、自然や季節感、地域交流の中で暮らす。自立した高齢者だけでなく、土いじりができなくなった要介護者も、充実した暮らしをする。日本型ケアファームに、そのひとつの答えがあると、私たちは考えています。

日本型ケアファームはたとえば介護型有料老人ホームとかサービス付き高齢者向け住宅などの区分ではなく、高齢者住宅と障がい者就業支援施設や農園をコアとした地域のコミュニティのためにあります。参加する人々がお互いを必要とし、お互いに感謝することができる環境です。核家族化と人口集中、後継者不足によって崩壊しかけている都市部や都市郊外の農地の再生とともに、参加するそれぞれのメンバーに生きがいを提供したいのです。

日本型ケアファームに適用できる施設にはさまざまなものがあります。建物所有者と運営事業者双方が協力し合って経営するケアファームとして、

- **サービス付き高齢者向け住宅・有料老人ホーム**
- **認知症対応型グループホーム**
- **高機能型有料老人ホーム**
- **特別養護老人ホーム**

などが挙げられます。

サービス付き高齢者向け住宅・有料老人ホーム

主に自立者から要介護者に至るまでの延床面積が2000㎡前後のものが多いようです。株式会社による介護事業者を中心としてさまざまな取り組みがあります。

都市緑地株式会社によるケアファームの第1号はこのタイプです。農地を一部含む市街化調整区域でしたが、都市計画法による開発許可にはさまざまな区分があります。ケアファームは、高齢者住宅ですが、農場を併設もしており、トラクターや仮払い機など住宅地域にはふさわしくない利用機器類もあることも考慮され、開発許可が得られました。2022年8月にオープンしたケアファーム「ココファンガーデン新潟亀田」は、2023年11月の〝みんなの介護アワード〟において、甲信越地区高齢者住宅No.1を受賞することができました。

認知症対応型グループホーム

ヨーロッパにおいては認知症高齢者への治療としてケアファームに効果があることは各種論文によって知られています。日本では、行政からの公募によりこのグループホームが指定されることが一般的ですが、公募の審査の過程において立地の利便性による選定基準で郊外のグループホームが選定されないことが多いのは残念なことです。延床面積は500㎡～800㎡ほどであり、比較的小型のケアファームとなりますが、認知症改善の効果実証がもっと得られて普及してほしいと思います。

高機能型有料老人ホーム

有料老人ホームの一形態ですが、特定の疾患、難病などに対応するために医療適応度を高くし細やかな看護体制をとることができる高齢者住宅です。

延床面積は1000㎡～2000㎡です。ガンの末期の患者さん用に造られたものは民間ホスピスと呼ばれることもあり、緩和ケアを病院でおこなうより多様な時間の過ごし方ができるため、ケアファームによる生活の意義は大きいと考えています。

特別養護老人ホーム

高齢者住宅は建物所有者と運営事業者が異なるのが普通ですが、特別養護老人ホームは社会福祉法人が土地を取得または借地した上で、社会福祉法人自身が資金を調達して建設運用します。民間法人ではありますが非営利の特殊法人で、多くは公的資金が導入されます。

また、特別養護老人ホームが他の施設と大きく異なる点は、入居に関する料金が一定額に定められていることです。

さて、全国老人福祉施設協議会の2023年の調査によると、全国にある特別養護老人ホームの62％が赤字経営を続けているそうです。そこには様々な

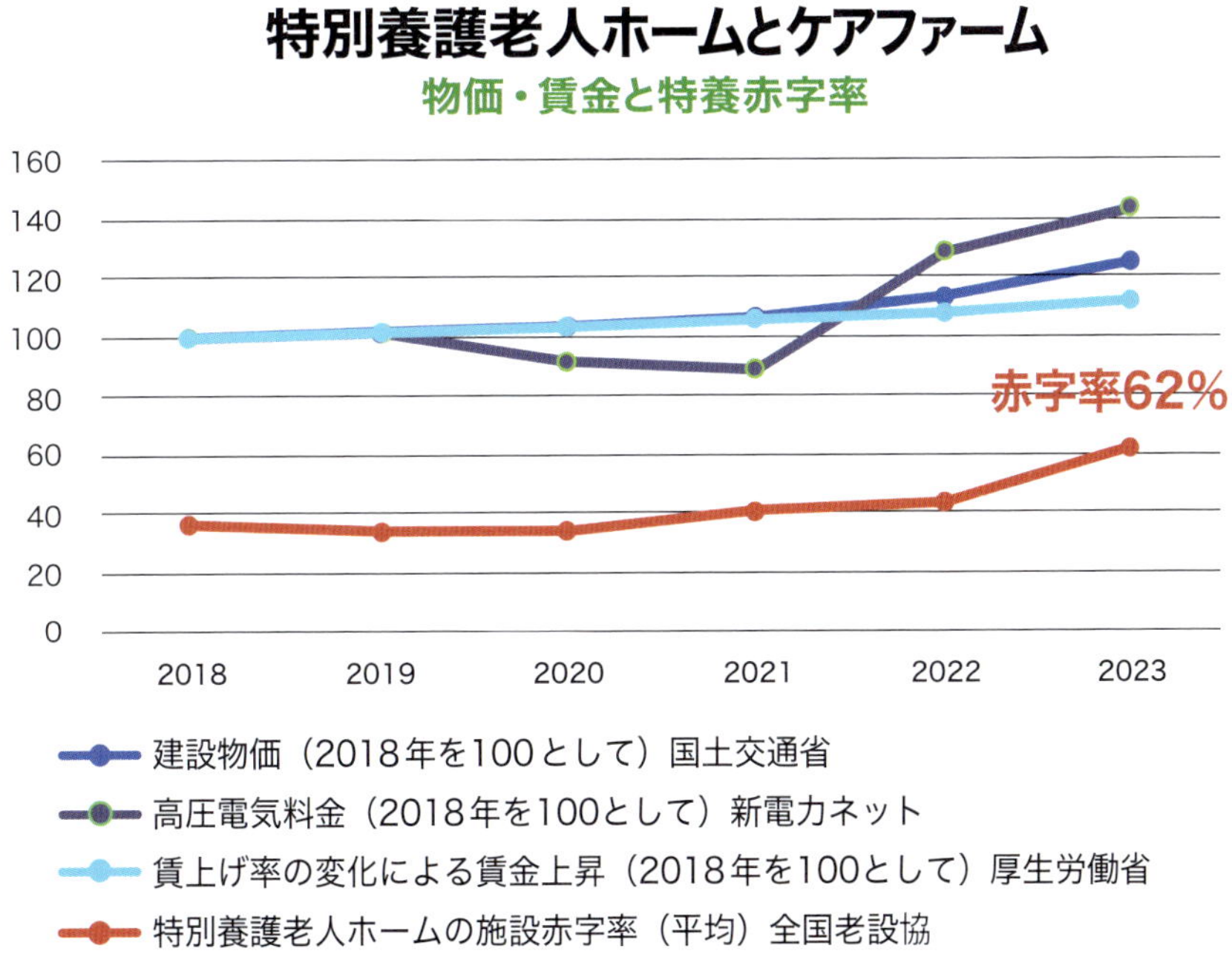

認知症対応型 グループホーム	高機能 有料老人ホーム	特別養護老人ホームを コアにした拠点
約**600**m²	約**1000-1500**m²	約**6000-10000**m²
地域介護会社または 社会福祉法人が運用	介護事業者または 医療法人が運用	社会福祉法人が運用 シェアソーラーと井水による 災害時の拠点として機能

原因がありますが、例えば賃上げによる人件費の上昇、光熱費の高騰、建設費の高騰などが挙げられます。その中でも建築コストはコロナ以前から比較して20％以上も上昇しており、、今後も建設コストが下がることは考えにくいでしょう。

初期投資金額が大きく、収入が定められている特養はこのような運営コストの上昇と相まって経営環境が急速に悪化しているのです。採算が取れない施設計画は医療福祉機構が融資を行わず、結果設計は終了したが入札が不調に終わり、介護計画が実施できないという例もあります。

もちろん黒字経営を続けている特別養護老人ホームもあります。では、その差はいったいどこから生まれるのでしょう。

ＷＡＭ（福祉医療機構）の調査結果によると、黒字法人と赤字法人の間での明確な違いは従事者一人当たりの活動収益とされています。つまり一人当りのサービス活動収益が大きく、規模の大きな法人ほど効率的な経営ができていると見ることができそう

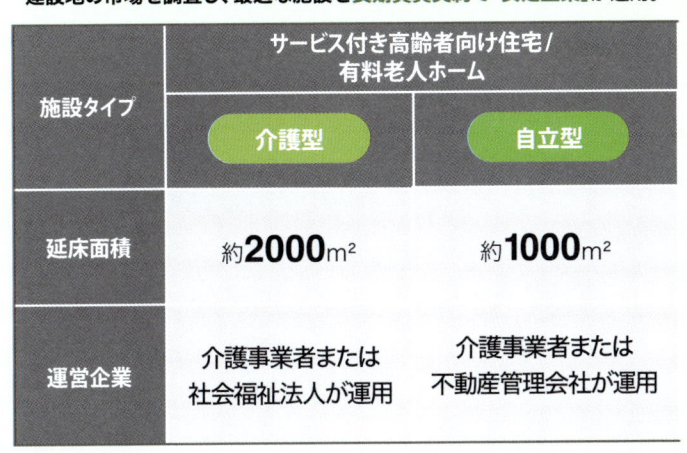

タイプ別施設と運用方法

建設地の市場を調査し、最適な施設を長期賃貸契約で「安定企業」が運用。

施設タイプ	サービス付き高齢者向け住宅/有料老人ホーム 介護型	サービス付き高齢者向け住宅/有料老人ホーム 自立型
延床面積	約2000m²	約1000m²
運営企業	介護事業者または社会福祉法人が運用	介護事業者または不動産管理会社が運用

です。

　以前は空室が出ればすぐに待機者が入るのが当たり前でしたが、今日の日本の都市周辺部では実質待機者が減少し、入居者確保に営業をする必要がある施設が出始めています。

　待っているだけで入居者が確保できる時代が終わりに近づいている中、特別養護老人ホームも決められた利用料金の中で安全・安心を提供するだけでなく、利用者から選ばれる施設にならなければなりません。日本型ケアファームとして地域に開かれた施設は、大型化による経営効率の改善と、低層木造建築による工事費の減少も相まって、安定した法人経営につなげられると私たちは考えています。

　大規模施設（150床以上）を整備するためには農地を積極的に利用する方法があります。木造で工事費を下げるために低層化するには、都市郊外で農地を転用して建設する方法に適性があります。2階建て特別養護老人ホームを建設するためには地主が6000㎡～10000㎡もの土地を売却する、または貸地することになります。

すでに述べたように、近年脱炭素を始めとする国策により建物の木造化誘導が進み、木造の経済的耐用年数の見直しで医療福祉機構による貸付期間が鉄筋コンクリートや鉄骨と同じになりました。社会福祉法人は非課税であるためキャッシュフロー計画を主体とした経営となりますが、貸付期間の長期化は木造による計画に大きなメリットとなります。

郊外の市街化調整区域の農地価格と低い容積率を活かして低層の木造建築で施設整備することで、建築コストにおいて鉄筋コンクリートと比較して坪当たりおよそ30万円（2024年当社調べ）のコスト減が図れることとなります。土地を含めたコストの大幅削減が実現するのです。

さらに就業者の募集においても、農園の併設により農業高校などの学生に就職先として介護職を選択肢の一つとして検討してもらえることはメリットの一つと言えるでしょう。

ケアファームの立地と利用料金

介護事業者にとって、ケアファームは家賃が安く借りられる可能性がある（木造建築による建築コスト減によって）ということだけがメリットなのでしょうか。先ほど例を挙げたココファンガーデン新潟亀田を見てみましょう。

学研ココファンはサービス付き高齢者向け住宅で居室数全国1位で、安定したサービスには定評があります。2024年9月時点で新潟市にはココファンブランドの高齢者向け住宅が6棟あります。

次ページの図表のとおり、ケアファームである**ココファンガーデン新潟亀田は市街化調整区域に所在しています。つまり、住宅地や近隣商業地にある他のココファン施設と比較して最も利便性が悪い田園地帯にあります。しかし月額利用料金は6施設の中でも最も高い水準を維持しながらも満室になっています。さらに、待機者にお待ちいただいている状況です。**

ココファンガーデン新潟亀田と新潟市のココファンの利用料金比較（18㎡タイプ）

※令和6年9月5日時点

施設名	月額利用料	建物構造	立地条件
ココファンガーデン新潟亀田	177,486~181,486円	木造2階建	新潟駅バス35分／徒歩4分 市街化調整区域
ココファン新潟関屋	171,496~177,496円	鉄骨4階建	JR関屋駅徒歩4分 市街化区域
ココファン新潟本馬越	170,576~157,576円	鉄骨4階建	新潟駅徒歩17分 市街化区域
ココファン新潟あぶみ	169,496~179,496円	木造2階建	新潟駅徒歩21分 市街化区域
ココファン新潟東	165,496~176,496円	鉄骨4階建	新潟駅バス12分／徒歩6分 市街化区域
ココファン新潟とやの	157,000~166,000円	鉄骨4階建	新潟駅バス23分／徒歩4分 市街化区域

待機者の方には、他のココファン施設もご案内するのですが、それでもココファンガーデン新潟亀田の空室が出るまで待ちたいと言う人が多いようです。

今まで高齢者住宅のグレードの高さは、まずは都心部、それから住宅地のブランド力の高低で決められてきました。次に利便性で決められ、木造より鉄筋コンクリート造や鉄骨造が高級であるという価値観があったように思います。

ところがこの結果は、**利便性を超えてライフスタイルや生きがいが経済的価値を持ち始めているということを示しています。**

ココファンガーデン新潟亀田の立地は、今までサービス付き高齢者向け住宅の建設地としては選ばれることはなかった場所です。ケアファームは高齢者住宅の建設地の可能性を広げるという意味でもエポックとなるのではないでしょうか。

ココファンガーデン新潟亀田（外観）

ココファンガーデン新潟亀田（農園施設）

入居者による芋掘り大会の様子

第3章

海外ケアファームの取り組み

Chapter 3

イギリス
デプデンケアファーム
DEPDEN CARE FARM

デプデンケアファームのあるデプデンは、イングランド東部サフォークのウェストサフォーク地区にある村です。ベリー・セント・エドマンズから南西へ約８㎞、車だと20分ほどです。

私たちが到着すると、デプデンケアファームの管理人であるティム・フリーシーさんと管理委員長のジェリー・マッシーさんが出迎えてくれました。


デプデンケアファームは障がい者のためのケアファームです。近隣地域（サフォーク、南ノーフォーク、東ケンブリッジシャー、北エセックス）の学習**障害、後天性脳損傷、自閉症、認知症の人などを対象に治癒的な場所を提供**しています。

活動内容としては園芸、農業、家畜の世話、農場整備のほか、環境保護プロジェクトにも参加しています。園芸、農業、畜産分野での学習プログラムや有意義な就労機会を提供することで、利用者が充実した生活を送れるようにサポートします。

デプデンケアファームのミッションは**「その人の能力にかかわらず、誰もが自尊心や自信を得たり自己管理能力を高める有意義な仕事ができ、その貢献が正当に評価・尊重される場所であること」**です。


ケアファーム到着後、日ごろ利用者さんが活動をしている農場を見せていただきました。

敷地内には畑はもちろん、果樹園、マーケットガーデンもあり、利用者さんのニーズや適性を判断して仕事の役割を分担しています。農作業だけでなく、ショップで働く利用者さんもいます。

また、デプデンケアファームでは大小様々な動物が飼育されており、ウサギ、カメ、モルモット、ヤギ、ヒツジ、ブタ、ロバ、ウマなどがいます。鶏やアヒルは自由に歩き回っており、手入れの行き届いた園内では、動物介在療法がプログラムの一部となっています。

農場を見て回ると、多くの動物たちに出会うことができますが、これらの動物のお世話もケアファームに通っている利用者さんが行っています。彼らの

カラフルなロゴが目を引く

肩書きは「Farm Helper」。**お世話されているのではなく、お世話している側なのです。**

デプデンケアファームで活動している障がい者についてティムさんは言います。

「参加している利用者さん全員がそれぞれ異なった明確な目標を持っています。それらの目標達成をサポートしながら彼らが成長していく姿を間近で見ることができるのはとても嬉しいです」

では、いったいデプデンケアファームの利用者さんは毎日どのような活動をしているのでしょうか。

利用者さんは毎日朝9時30分にケアファームに到着します。その日の仕事内容などについて話をしながら11時にコーヒーを飲み、その後11時30分には外に出て作業をします。この作業は季節によっても異なるそうですが、基本的には水やり、庭木の手入れ、収穫、野菜や作物の世話などです。野菜などの作物は収穫し、冬に備えて貯蔵します。

日中はこのような野外活動を行い、15時にはそれ

イギリスらしいレンガ造りの建物

ぞれ帰宅します。

昼食について質問したところ、利用者さんはお弁当を持参しているとのことでした。しかし、利用者さんの栄養レベルを向上させるため、健康的な食事に関するトレーニングプログラムも実施しているそうです。

現在スタッフは7名おり、メンタルヘルスの専門家や教育・指導のスキル保有者など様々な個性を持ったスタッフが利用者をサポートしています。

また、ボランティアでケアファーム運営に参加している人たちもいます。ボランティアスタッフの参加頻度は人それぞれで、週半ばに来る人、週末だけ来る人、1か月に1回程度来る人など、自らのライフスタイルに合わせて活動しているようです。

デプデンケアファームを運営するミレニアム・ファーム・トラスト（慈善団体）は1998年に、ケアファームサービスを普及させることを目的とし

マーケットガーデン

て設立され、２０１４年10月にデブデンケアファームをスタートしました。

現在このケアファームには1日あたり10～12人の利用者さんが通っており、中にはマンツーマンのサポートが必要な人もいます。また、少人数のチームで仕事をしに来る人もいるそうです。

このような**個々の利用者のニーズは、紹介プロセスを経てケアファーム側に前もって伝えられ、利用者さんがケアファームに到着した時にはすでにサポートプランが用意されています。**

国のケアシステムによって、ケアファームに来る利用者の情報は前もってケアファームに共有されているため、このような迅速な対応をすることができるのです。

またイギリスでは介護認定を受けることさえできれば手当てが支給されるため、利用者は自宅でサポートを受けるという選択肢もあります。自宅の掃除や買い物の手伝い、車の運転などをホームヘルパーにお願いすることができるのです。

大小様々な動物が飼育されている。写真は白鳩

最後にティムさんにケアファーム運営における最も重要な課題や困難は何かを尋ねてみました。

運営上の課題でまず挙げられたのが「適切なスタッフを採用すること」でした。

ティムさんは、「デプデンケアファームは幸い素晴らしいスタッフに囲まれ、定着率が良く、一度この職場に入ると長く働いてくれるが、中にはキャリアアップを目指して転職する人もいます。そのような時、小さな組織である我々はすぐにでも穴を埋めたくなりますが、しっかりと外の世界に目を向けて、この場所に適性のある人材を見極めなければいけないのです」と話します。

さらに「異なるニーズを持つ様々な人たちをまとめるのは難しい」ということも挙げられました。

体調が悪かったり、交通手段が確保できなかったという理由で来られない人たちもいる。利用者が一人来るか来ないかでその日の活動スケジュールが大幅に変わる。これはとても大きな事だと話してくれました。

また、管理委員長のジェリーさんは、運営戦略上、資金調達はとても大事な要素だと言います。そのためにも国の制度をしっかり理解すること、自分たちの達成したいことを明確にすることが大事であるとおっしゃっていました。

ちなみにティムさんがよく使う言葉のようですが、デプデンケアファームでは**「動物を繁殖させるのではなく、作物を育てるのでもなく、人を育てる」**という考えを大切にしており、常にそこに焦点を当てて活動しているそうです。

私たちが訪問した日の約1週間前、ロンドンで開催されたライブ・セレモニーで発表された「英国チャリティ・ガバナンス・アワード２０２３」の6つの受賞団体のひとつに、デプデンケアファームが選ばれました。

ティムさんは「自分たちは大きな魚だと思ってしまいがちだが、実際はとても大きなプールの中の小さな魚だ」と話していました。イギリスにはたくさんのケアファームがあって、その運営の仕方は様々です。ティムさんは自分たちのやり方を人々に伝えるためのメッセージを発信する方法を常に考えていると言っていました。今回「英国チャリティ・ガバナンス・アワード２０２３」を受賞したことによりマスコミへの露出が増え、人々へメッセージが届きやすくなっているのは喜ばしいことです。

今回デプデンケアファームを訪問して学んだこと、感じたことはたくさんあります。

たとえば動物の存在が人に及ぼす影響はやはり大きいということもそのひとつです。日本でも多くの方々がペットを飼っていてヒーリング効果を得ていることは皆さんもご存じだと思います。そして、ペットを飼うことで芽生える責任感も大切な要素です。デプデンケアファームでは、こうした命への責任感が上手く活動に活かされています。

利用者＝カスタマーでなく、仲間といった考え方や取り組みにも感銘を受けました。

ティムさんが可愛がっている子ヤギのハーマイオニー

オランダ

パラダイス・ファーム

Boerderij 't Paradijs

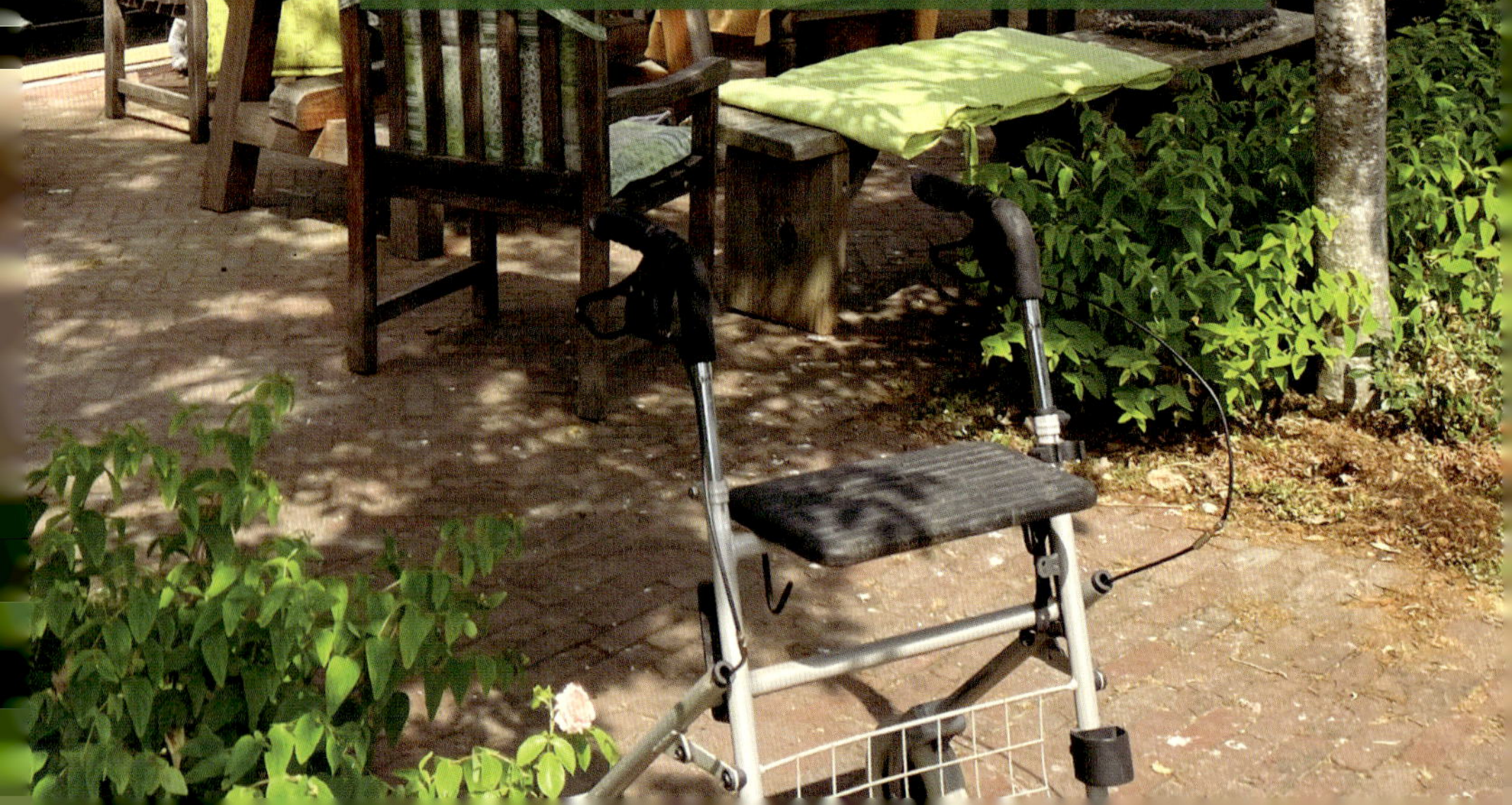

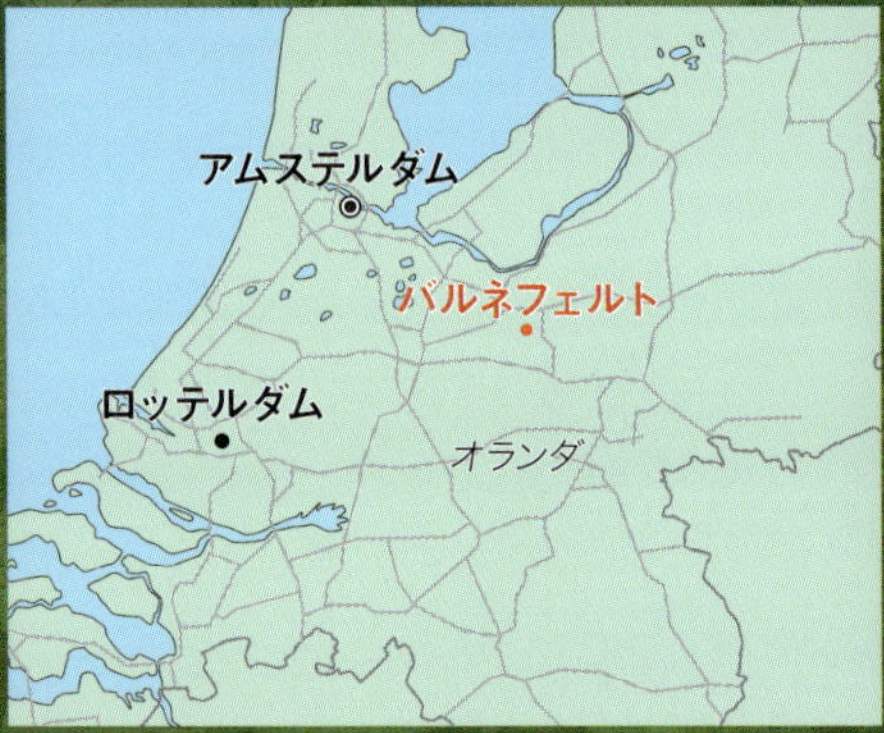

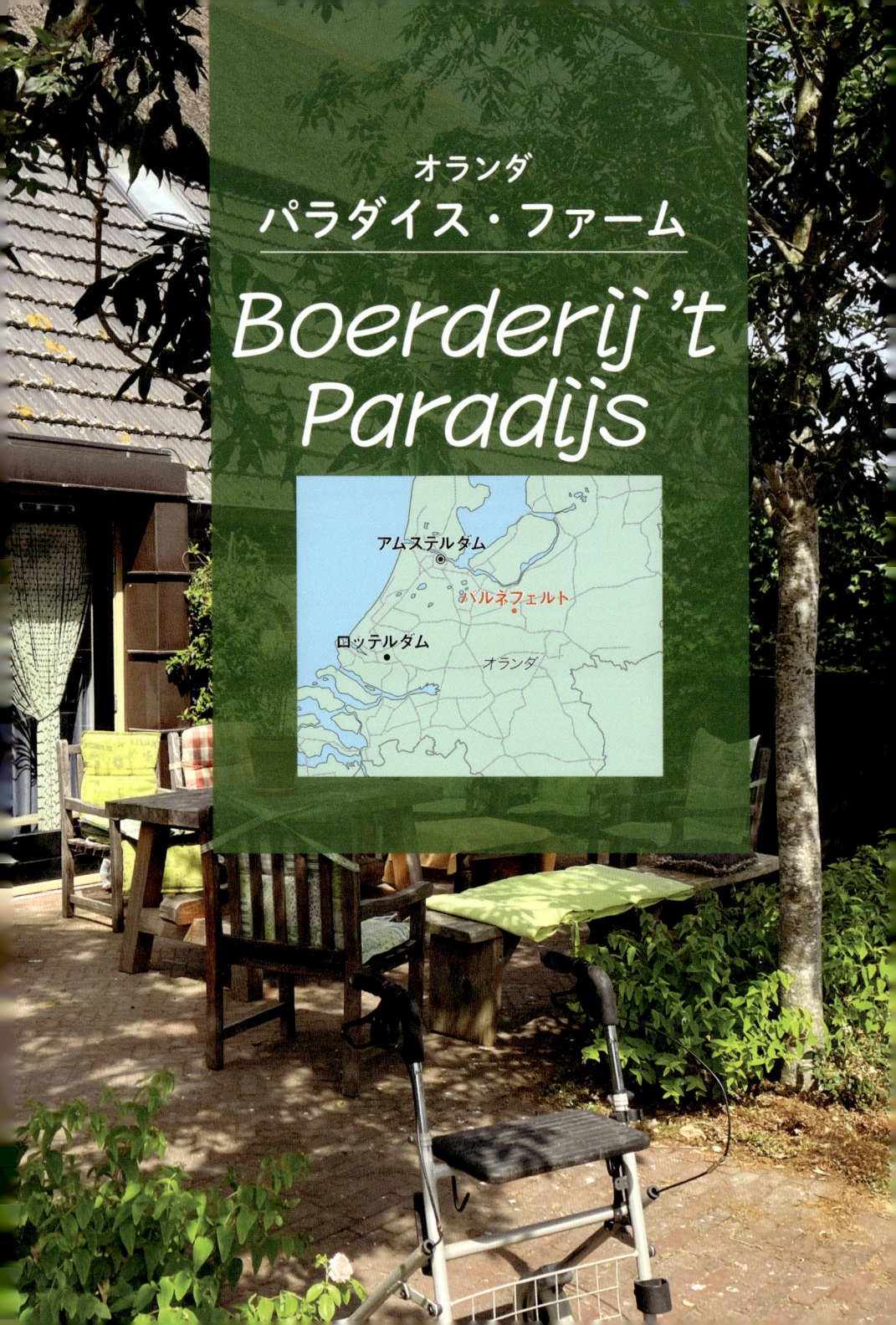

パラダイス・ファームのあるバルネフェルト（ヘルダーラント州）は、オランダの南東部に位置する都市です。

パラダイス・ファームはCBZという組織と協力して事業をしています。CBZとは小規模介護事業者連合体（Coöperatie Boer en Zorg）のことで、パラダイス・ファームのあるヘルダーラント州、ユトレヒト州、オーバイセル州、フレヴォラント州の介護事業団体から構成されています。

介護を受ける人とその家族に、自分らしくいられる環境を提供することを使命として様々な取り組みをしているパラダイス・ファームですが、具体的にどのような取り組みを行っているのでしょうか。

パラダイス・ファームは利用者が子どもから成人、高齢者と非常に幅が広いのが特徴です。

子どもに関しては自閉症スペクトラムやその他の診断を受けている子どもや若者を対象としています。グループケアでは同じような境遇にある同年代の人たちと一緒に過ごすことで社会性を養い、自立心の育成を行っています。

また、グループケアの他にも個別カウンセリングを受けたり、乗馬学校へ通うことも可能です。

学校に通えない子どもに関しては、教育的支援として、週末に農場に宿泊して動物や自然と触れ合ってもらうといった取り組みも行っています。

成人に関しては、18歳～70歳までの精神的症状をもった人たちが利用しています。また、長期の病気などによる社会からの離脱後、職場体験の場を探している利用者にも対応しています。

利用者は安全で雰囲気のよい農場の中で、自分の強みを活かせる仕事をすることができ、人の役に立ち、充実感を得ながら他の人とつながり、自尊心を高めることができます。

このような取り組みができるのは、**ケアと農業をしっかりとリンクさせ、参加者とともに「その人ができること」「好きなこと」にしっかりと目を向け**

利用者が日々世話をする牛舎

ているからです。そうすることで誰もが自分らしく、自分のペースでケアファームに貢献することができるのです。

成人グループで行う作業や活動として、動物（牛、鶏、豚、馬、猫、ウサギ、ヤギ、羊）の世話、庭仕事、ケータリングの手伝い、売店での作業、清掃作業などがあります。ここでは可能な限り利用者のニーズに合わせて作業を決定します。

成人グループのこれらの活動は月曜から金曜日までの10時～16時に農場にて行なわれ、週に何日間どのくらいの時間を活動に費やすかは、利用者の個人的な学習目標を参考にケアファーム側でプランを作成します。

また成人グループにおける個別サポートでは、滞在型コーチング、牧場での個別コーチングの他、馬を使った馬術のコーチング、参加者の自立を促進するための買い物や、金銭面、食事、掃除など日常生活に関するサポートも受けることもできます。

可愛らしい手工芸品が並ぶ販売店

最後に高齢者のグループです。パラダイス・ファームでは認知症の高齢者や、身体的・精神的なケアを必要とする高齢者のためのデイケアも提供しています。高齢者デイケアも成人グループと同様、月曜日から金曜日までの10時〜16時で活動をしています。10時にコーヒーや紅茶を飲んでから、動物の世話や餌やり、卵パックへのシール貼り、庭や近くの森の散策、食事の準備、ゲーム、創作活動など様々な作業の中から好きなものを選択することができます。

お昼には自家農園で取れた野菜を使った食事を食べ、その後は各々アクティビティをしたり、休憩を取ったりして16時にはその日の活動が終わります。高齢者の送迎は近所のドライバーがボランティアで行っています。

パラダイス・ファームは物販活動にも積極的で、ファームで育った家畜を使ったオーガニックミート（牛、豚）、鶏スープ、オーガニック卵、マーケットガーデンで栽培した野菜や果物（ネギ、キャベツ、ジャガイモ、イチゴ、カシス、ラズベリー、ハーブなど)、蜂蜜、紅茶、オーガニックアイスクリームなどの販売をしたり、編み物など利用者さんが作った工芸品や本、ポストカードなど多様な商品の販売をしています。

また、パーティーや料理教室の会場としてレンタルやケータリングなどにも取り組むなど、その活動は多岐に渡ります。

このようなパラダイス・ファームの多彩な活動内容はとても印象的でした。**自分たちの強みを活かして事業を行なっているため、必ずしも補助金や寄付をあてにしなくても運営が成り立っているのです。**ケアファームを運営するうえで自分たちの特色や強みを知るということは非常に大事な要素であると勉強させられました。

アイスクリームの売店

オランダ

キーゼルボッシュ

Zorgboerderij klooster Keyserbosch

キーゼルボッシュはリンブルフ州中央部のネール村に所在しています。キーゼルボッシュはもともと修道院として利用されていました。2007年まで周辺の土地は支配人のボーネンさんの家族によって耕作と豚の混合農業として使用されており、その後2008年10月にケアファームとしての運営をスタートさせました。主に認知症、非先天性脳損傷、身体的・心理的問題を抱える高齢者にデイケアを提供しています。

今では毎日15人以上の利用者を受け入れています。**自立した生活を送る高齢者が、緑豊かな環境の中で有意義な一日を過ごすことを目的に様々な取り組みをしています。**

キーゼルボッシュで行われるアクティビティは、基本的に利用者の希望と能力に合わせて選択できます。ストレスのない有意義で快適な一日を過ごすこと、社会との接点を持つこと、社会との関係を維持すること、自立を促進することを目的として行われます。

具体的な一日のスケジュールは、まずはじめに利用者同士で一緒にコーヒーを飲むことから始まります。その後、食事の準備を始めたり、アクティビティをして過ごします。12時には全員で一緒に昼食を摂り、希望者は昼寝をすることもできます。

午後にもアクティビティは行われますが、その内容は季節によって変わります。主なアクティビティを挙げてみましょう。

- ウォーキング
- デュオバイクでのサイクリング（電動アシスト付）
- 菜園、観賞用庭園、トンネル温室でのガーデニング
- 創作活動（絵画、手芸、モザイク画、木工）
- テレビ（ニュースを見るなど）
- トランプ、ゲーム
- 記憶トレーニング
- お菓子作り
- 読書

さらにキーゼルボッシュで働くボランティアは、それぞれ異なる興味と多様な背景を持っているとい

う観点から、どの分野でサポートをしたいかを自ら提示することができます。

・送迎（利用者を自宅まで送迎します）
・料理（午後は一緒に食事をします）
・ガーデニング（菜園や観賞用の庭で）
・デュオバイクでのサイクリング
・ウォーキング（車椅子を使うこともあります）
・ゲーム（トランプ、ボードゲーム、記憶トレーニング）
・創作活動（木工、絵画、手芸、モザイク）

ケアファーム修道院キーゼルボッシュは、リンブルフ・ゾルフボーレン協同組合（Coöperatie Limburgse Zorgboeren）に加盟しています。この組織のビジョンは、多様な利用者のニーズに応えて専門的なケアとガイダンスを提供することです。介護を必要とする人々が安全な環境の中で安らげる空間、仕組み作りをサポートしています。他にも財政面でのサポート、苦情処理なども行っています。

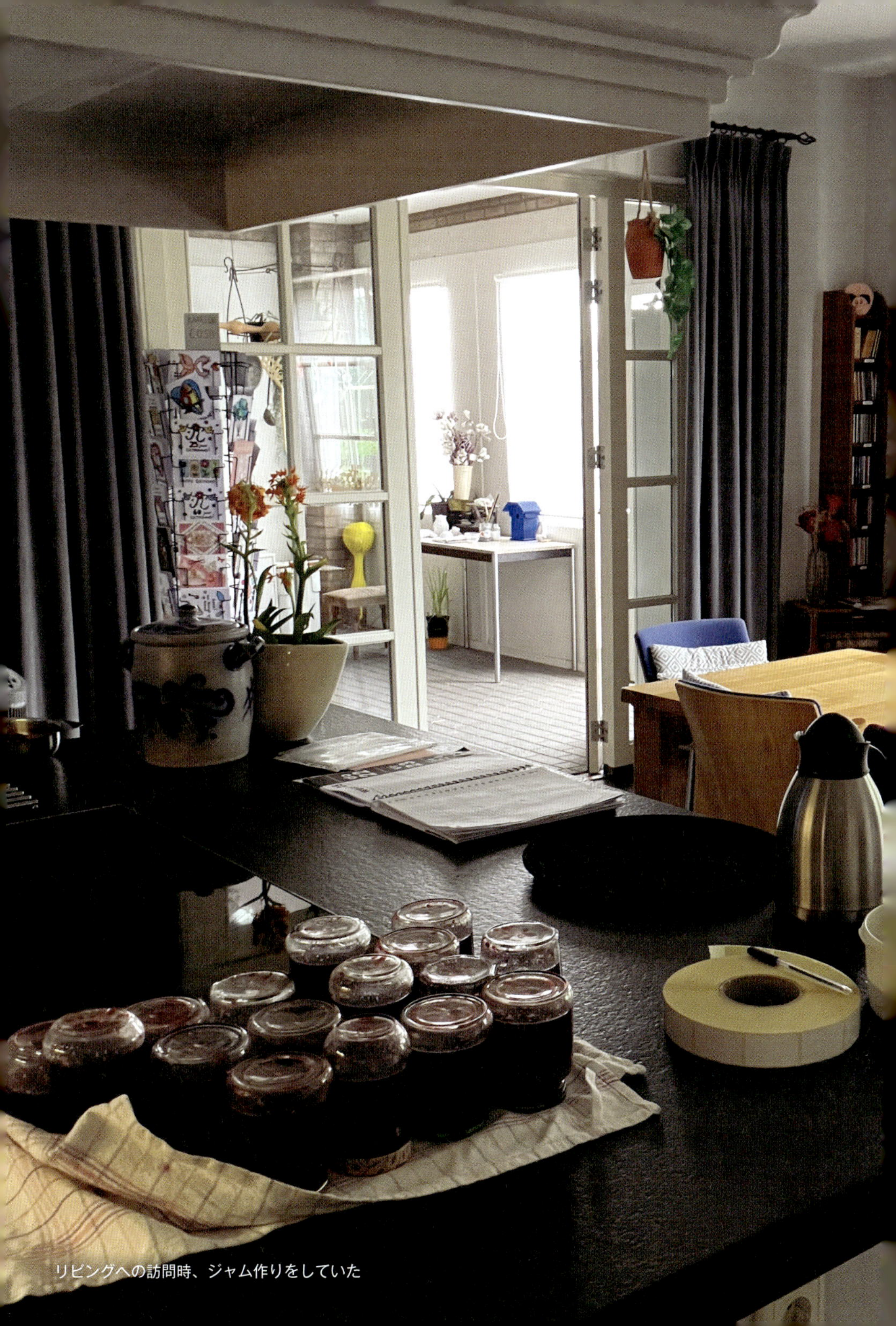

リビングへの訪問時、ジャム作りをしていた

オランダらしい自転車を使った案内標識

献立表

キーゼルボッシュの動物たちはウサギなどの小動物が多い

立ちながら作業ができる畑

オランダ

リンデゾルグ

Lindezorg

リンデゾルグのあるセフェーヌムという町は、オランダ南東部のリンブルフ州にあります。リンデゾルグは正式名「リンデゾルグ－認知症の我が家」です。その名のとおり**認知症によって自宅で自立した生活をすることができなくなり、在宅介護を必要とする高齢者のための居住施設です。**

リンデゾルグは統合的かつ継続的なアプローチによって他の居住型施設にはない取り組みをしています。また、認知症と診断された時だけではなく、その疑いがあったり診断が確定されていない場合でも、自宅でサポートとケアを受けることができます。

リンデゾルグの住居は、可能な限り利用者が慣れ親しんだ環境と同じ環境で過ごしてもらえるように配慮しています。

ここでの生活は、利用者の健康を回復させることと、社会との関係性を維持、または回復させることを目的としています。そこには利用者のソーシャルネットワークとの関わりを重要視するリンデゾルグのレジデンシャル・コンセプトがあります。

リンデゾルグの在宅介護チームは認知症の方の在宅介護、看護、支援を専門としています。

品質と継続性を最優先事項として、認知症の高齢者を見るだけではなく、その家庭状況や社会環境まで把握します。そうすることで、どのように適切なアプローチができるかを入居者とともに考えることができるからです。在宅介護の範囲に収まらない支援やサポートが必要な場合でも入居者に寄り添って一緒に考えます。

また**小規模で運営しているため、いつも同じ顔ぶれの介護士や看護士がフロアにいるという安心感があります。**スタッフも利用者のことを熟知しているので、異変や問題などを発見しやすく、適切に対処することができます。

実際に私たちが訪問した際も、施設内はとてもアットホームな雰囲気で、入居者の皆さんがとても安心し、穏やかな時間を過ごされていることを肌で

感じることができました。

医療体制に関しても、かかりつけ医や認知症カウンセラーと提携しており、必要に応じて迅速な対応を取ることができます。

また、リンデゾルグはプロテイオン社と戦略的なパートナーシップを結んでおり、力を合わせることで高品質で小規模な住宅・介護施設を提供しています。プロテイオン社はオランダの北ホラント州ホルンにある介護サービス企業で、専門的な知識やノウハウを提供するだけではなく、高品質なＩＣＴソリューションを提供しています。

まだスタートして間もないリンデゾルグですが、ディレクターであるイェルーンさんとリアンさん夫妻がとても仲むつまじく、非常に熱心に事業に取り組まれていることをお話しを通じて実感しました。とてもアットホームで、訪問した私でも安心できる、そんな場所であるように思いました。

オランダにはケアファームがたくさんあり、どのケアファームもそれぞれが自分たちにしか出せない個性を大切に運営されています。どのような人が運営、経営しているのかを知ることは入居者にとっては重要です。運営側として「この人たちは信頼できる、安心できる」と思ってもらえるように努力を続けたい、そう思える施設訪問でした。

ラベンダーが綺麗に咲く裏庭

利用者が外でくつろげるスペース

ビニールハウス

通路は白を基調としたモダンなイメージ

居住利用者の部屋

以上、イギリスとオランダのケアファームの取り組みを紹介しました。

国によって制度が異なり、その取り組みも異なりますが、基本コンセプトは同じです。どのケアファームも利用者に寄り添い、様々なニーズに応えるために改善を重ねながらサービスを展開しています。

これは個人的な見解ですが、ケアファームという動物を飼育するのが普通だと考えていましたが、ヨーロッパのケアファームにおいてそれは必ずしも当たり前ではないと感じました。このことはヨーロッパと比べて土地が少ない日本には非常に参考になる点だと考えています。

ヨーロッパ型のケアファームを日本にそのまま持ってくるだけで成功するわけではありません。文化、制度、土地が異なる中でも日本に合ったケアファームとは何なのか。それをしっかり吟味していくことが日本型ケアファーム普及の課題です。その糸口を探るべく私たちはこれからも活動していきたいと考えています。

オーナーのイェルーン、リアン夫婦と

Chapter 4

第4章

ケアファームの試験運用レポート

狭山ヶ丘ケアファーマーズとは

狭山ヶ丘ケアファーマーズは、埼玉県所沢市東狭山ヶ丘にある農園です。

2012年に国土交通省に認定された「人生100年時代を支える住まい環境整備モデル事業」の「日本型ケアファーム普及のための地域・多世代交流の環境整備モデル事業」として、「社会福祉法人皆成会 光の園」の農場をお借りして2023年4月にスタートしました。光の園は知的障がい者のための施設です。

基本的な運営は私たち都市緑地株式会社で行っていますが、共同事業者として光の園のほか、社会福祉法人桑の実会、湖山医療福祉グループのひろせの杜、農業指導員として東京都西多摩郡瑞穂町で野菜農家として活動していらっしゃる井上祐

種ダンゴイベントと子どもたち

輔さんにご協力をいただき運営しています。週に1回、土曜日の午前中に井上さんから指導をしてもらい、応募された市民の皆様と共に、高齢者、お子さんたち、障がい者の方や障害者就労支援関係の方などのコミュニティを作る実証実験を行っています。

スタートしてから2年目（2024年10月現在）になり、参加している市民農園利用者は18世帯約40人ほどです。

年に3回のイベント（春の種ダンゴ、夏の夏野菜バーベキュー、秋の芋煮会）を行っており、こうした行事を通して高齢者施設の高齢者や障がい者施設の方とも積極的に交流を図っています。

この章では、この狭山ヶ丘ケアファーマーズの日々の運営の中で生じる問題、運営者として感じる課題を中心に、その解決に向けたアクションや所感、今後の展望などをレポートします。

指導者講習会

市民農園の参加者募集について

狭山ヶ丘ケアファーマーズの開園を迎えるにあたり、最初に取り組んだのは市民農園の参加メンバーの募集です。初年度は新聞の折り込みチラシを活用し、地域の多くの方に農園の存在を知っていただくことに成功しました。チラシを通じて集まった皆さんと、農業を通じた新しい経験を共有できたことは、私たちにとって大きな喜びでした。農業の魅力を再発見したという声も多くいただき、多様な世代が関わる中で農園が活気づいていきました。

2年目となる現在は、1年目に参加した多くの方々が継続して参加してくださいました。

そのため、昨年ほど大々的な募集を行う必要はなく、チラシ配布を減らして小規模なビラ配りを行いました。当然その反応は1年目よりも控えめでしたが、目的は十分に果たしました。やはり新聞の折り込みチラシは広く認知されやすく、初年度のように多くの方に参加していただくためには効果的だと感じています。地域ごとに異なる広告手段の反応を知ることで、今後はもっと効率的でコストを抑えた方法を模索していく予定です。

その土地の人々の意識を知ること

市民農園の参加者募集を通じて、地域によって農業への意識や興味の度合いが大きく異なることを学びました。特に、狭山ヶ丘ケアファーマーズでは参加者へのアンケートを実施し、「農業に挑戦してみたかった」「農作業を楽しみたい」「退職後の時間を有意義に過ごすために参加したい」といった、非常にポジティブな意見が多く集まりました。農作業を通じて健康増進を図る、あるいは食料自給に貢献するという視点から、実践的な目的を持って参加される方も少なくありません。

一方で、「野菜を自分で育てることで食費を節約したい」という実用的な動機や、「家族や友人と一

秋の芋煮会

落花生の苗を選ぶ

緒に新しい趣味を見つけたかった」というコミュニティの形成を期待する声も多くありました。

これらの意見を聞くことによって、農業が単なる労働や趣味の範囲にとどまらず、地域社会全体のつながりを深める役割を果たしていることを再認識しました。

こうした地域住民の農業に対する意識を事前にリサーチすることができれば、参加者募集の際に「何を伝えれば人々に興味を持っていただけるか」といった適切なアプローチを探ることができます。今後は地域ごとに異なるニーズに応じた戦略を検討していく予定です。

障がい者施設で畑を運営するということ

障がい者施設での農園の運営には、多くの注意点と新たな学びがあります。特に、農薬の使用については慎重な判断が求められます。


ある日、農業指導員の井上さんから「害虫対策には農薬散布が必要だ」とアドバイスを受けましたが、施設の担当者が急いで駆けつけ、「障がい者がいる環境では、農薬散布はリスクが高い」と教えてくれました。障がい者の方々は時に予期せぬ行動を取ることがあり、農薬をまいた植物に触れてしまう可能性や、さらにそれを誤って口にするリスクがあるということでした。

この経験は、農園の運営においては「安全性」が最優先事項であることを改めて認識させてくれました。畑の運営というのは少なからず人の健康に影響を及ぼす活動だということを忘れてはいけません。

また、畑での作業が参加者全員にとって快適で安心できる環境であることが求められていることも実感しました。

今後は、農薬に頼らずに害虫を防ぐ方法や、無農薬栽培の知識をさらに深めるなど、より安全で持続可能なケアファーム運営を目指していきたいと考えています。

春の植付け共同作業

デジ畑の運用について

全国には市町村やJAなどが運営する市民農園が数多くありますが、すべての農園で採算が取れているとは限りません。採算が取れていても、管理コストが低い「区画の貸し出しのみ」の市民農園では、耕作スキルの低い利用者では畑を十分に活用することができず、満足するに至らないケースも多いのではないでしょうか。

つまり、管理コストを抑えつつ利用者の満足度を向上させるという難しい課題を抱えているのが市民農園の実情なのです。

こうした市民農園の運営を効率化し、利用者の利便性を高めるために、私たちは「デジ畑」というテクノロジーを開発し活用しています。

これは、農園の耕作状況や安全管理、参加者同士のコミュニケーションをデジタルプラットフォームを通じて管理するもので、現代コミュニティの農園運営に大きな進化をもたらしています。

収穫した野菜を手に笑顔の体験農園参加者たち

デジ畑の最大のメリットは、遠隔での管理が可能なことです。利用者は自宅からでもスマートフォンを使って作物の成長状況を確認したり、コミュニティ内で情報交換ができるため、農作業の効率が格段に上がりました。

しかし、デジ畑に設置されたオフグリッド装置（画像認証システムを使って誰が畑にいるのかを認証するシステム）に関しては、ご家族から「このカメラは何に使うのか？」という質問が相次ぎました。

監視カメラの設置はプライバシーの問題に直結するため、非常にデリケートな問題となることがわかりました。特に、障がい者のご家族の中には、彼らが常に監視されていると感じてしまうことに不安を抱く人もいます。このため、カメラの使用目的やその範囲について十分な説明が必要であり、透明性をもって運用していくことが求められます。

この経験から、テクノロジーの導入には利便性だけでなく、人々の「安心感」や「信頼」を得ることが重要であると学びました。

今後もデジタル技術を活用しつつも、利用者やそのご家族の感情や懸念に配慮した運用を心がけていきます。

障がい者の就労支援

日本型ケアファームでは、農業を通じて障がい者の方々の就労支援を行っています。これは、単なるリハビリや療育ではなく、実際に農作業を行い、その対価として賃金を得るという形で、障がい者の自立をサポートする試みです。

作業賃金の設定に関しては、適正な賃金を提示するために相場調査を行いましたが、その過程で驚くべきことが明らかになりました。それは、多くの障がい者が非常に低賃金で働いているという現状です。

体験農園の参加者に、障がい者さんへ作業依頼するとき「どのくらいの金額までなら支払えるか」という質問をしてみました。1000円未満の金額を希望する方もいましたが、1000円以上払わないと申し訳ないといった声がほとんどでした。障がい者が健常者と比べていかに低賃金で働いているかを知り、皆さん非常に驚かれていたのが印象的でした。

また、地域の市民農園の参加者の中には、障がい者の低賃金の実情を知り「もっと障がい者を支援するために、自分たちができることはないか」と積極的に考える方も増えました。

ここで感じたのは、体験農園に参加している地域住民の方にも障がい者の方々のリアルを知ってもらうことはとても重要であるということです。裏を返せば、これまでそういった相互理解の機会が極端に少なかったとも言えます。

地域住民と障がい者の相互理解を深めるため、今後も地域全体で障がい者支援を行うための場を増やしていきたいと感じています。

また、地域のイベントや交流会を通じて、双方が一緒に楽しむ場を提供することで、障がい者の方々が自信を持って社会に参加できる環境づくりを進めていきたいと考えています。

障がい者への作業依頼

狭山ヶ丘ケアファーマーズは、国土交通省から認定を受けている事業であるため、畑の利用料は無料です。しかし、野菜の種や苗については料金をいただいています。これにより、畑の利用者は質の高い種や苗を手に入れ、豊かな収穫を楽しむことができます。

また、草取りなどの作業については、障がい者施設の方々に依頼することが可能です。この場合、追加の料金がかかる仕組みになっていますが、これも障がい者の就労支援に繋がる大切な取り組みです。

区画ごとの畑は、利用者が自ら定期的に手入れを行うため、とても清潔に保たれていますが、特に夏場は雑草の成長が早く、管理が大変になることがあります。このため、障がい者の方々に草取りを依頼することが多くなりますが、これにより畑は常に美しい状態が保たれ、利用者の満足度も向上します。

障がい者の方々にとっても、自分たちの仕事が評価される喜びを感じることができ、地域全体で支え合う環境が生まれています。

今後、さらに市民農園の利用者にこうしたサービスの存在を広め、より多くの方が積極的にこのサポートを活用していただけるよう、取り組みを強化していく予定です。お互いが助け合い、地域全体が一つのチームとして機能するような場を目指しています。

電子決済システム導入に関して

障がい者支援と畑作業の連携をする中で、より円滑な取引を可能にするために電子決済システムの導入が検討されています。

福祉サービス事業所の方々からは、「現代のニーズに合った支払い方法として、デジ畑アプリ内に電子決済システムを導入した方が良いのではないか」という提案がありました。

これにより、現金を使った手渡しのやり取りが不要になり、畑の利用者がより気軽に障がい者に草刈りや水やり、収穫などの作業依頼を行えるようになると期待されています。

現金取引は確実性が高いものの、時代が進むにつれて現実的でない側面も出てきています。私たちもこの提案を受け入れ、現在はデジ畑アプリ内での電子決済導入に向けた準備を進めています。

電子決済システムを導入することで、利用者が簡単にサービスを依頼でき、障がい者の方々にとっても新しい仕事の機会が増える可能性があります。

こうした技術の進化を積極的に取り入れることで、農業と福祉の連携をさらに強化していきたいと考えています。

市民と障がい者の交流

市民農園の活動1年目が終わった昨年末、参加者にアンケートを実施しました。

その結果、市民農園へ参加した理由として、「農作業に興味があった」「野菜作りを体験したかった」という声が多数ありました。

また、世代間の交流についても「楽しかった」「素晴らしい取り組みだと思う」など、非常に前向きな意見が寄せられました。

その一方で、少数ではありますが、「施設の利用者との交流があまりなく、物足りなかった」といった意見も見られました。これは私たちも感じていた課題であり、今後改善すべき大きなポイントだと認識しています。

そこで今後は、年に数回予定されている食事イベントにおいて、参加者である市民と施設の利用者が積極的に交流できる場を設ける計画を進めています。このようなイベントは、互いの理解を深め、地

夏野菜バーベキュー

域全体が一体となる機会を創出する重要な場となるでしょう。

障がい者施設での販売会

　毎回の食事イベントでは、障がい者施設の販売会も同時に実施されています。焼き菓子や刺繍品、絵画など、多様な商品が並びますが、すべてが施設利用者の手によって丁寧に作られたものです。これらの商品は、利用者の創造力や技術が詰まったものであり、地域の方々から好評を博しています。

　また、、これらの商品を通じて施設利用者の才能や個性に触れることができ、より深い理解と尊重の念が育まれています。

　特に、「光の園」という施設では、障がい者がアートやスポーツを通じて充実した生活を送るためのサポートが行われており、それぞれの個性を尊重した活動が、障がい者一人一人の自信や生きがいを育ん

光の園によるイベント時の物販会

でいます。そのため、施設全体が明るくポジティブな雰囲気に包まれています。ここでは畑作業に限らず、製作活動やリサイクル活動など、地域との関わりを深めるための多岐にわたる活動が行われているのです。

また、光の園の利用者の中には、このような活動を通じて自分自身の力を発揮し、その後に転職を果たした方もいます。障がいの重い方々にとっても、この場所が働く場であり、社会とつながる大切な機会となっています。光の園との連携は今年で2年目を迎え、今後も共に歩んでいくことで、地域全体がさらに温かく、支え合う環境を育んでいきたいと思っています。

お花畑スペースでの問題

昨年開催した種ダンゴのイベント（花の種を入れた土と肥料のダンゴを畑に植える多世代交流イベント）で種ダンゴを植えたスペースがあります。このスペースを私たちはお花畑スペースと呼んで大切に管理しています。

光の園では利用者さんがよく外を散歩しているのですが、障がい者さんはどこに何があるのかわからず、お花畑スペースの中に入ってしまいます。普段歩き回っていた場所にいつの間にかお花畑ができているのですから無理はありません。

しかしながらイベント参加者の方々が一生懸命植えてくれて、花が咲くのを楽しみにしているお花畑です。夏野菜バーベキューのイベントまでには綺麗な姿を見せたいと思い、お花畑スペースの周りにロープを張りました。そうすることでこの場所は入ってはいけない場所なんだと障がい者の方々に気づいてもらえます。

この小さな工夫が、利用者だけでなく、施設職員の方々にも認識され、結果的に良い解決策となりました。

今回の対応から、まずできることを試してみることの大切さを学びました。時には小さな変更が大きな効果をもたらすことがあり、今後もこのような柔軟な対応を心掛けていきたいと考えています。

常に外部と交流できる環境づくり

ケアファームは農場が併設されている福祉施設です。高齢者や障がい者、心身に問題を抱える全世代を対象に住宅・医療・雇用・教育の場を提供するという話はすでに述べました。

この活動の中でとても印象的だったことがあります。秋のイベントで芋煮会を開催した際、社会福祉法人「桑の実」さんの運営するルークスクエアから多くの高齢者の方にご参加いただきました。

その芋煮会の様子はテレビ局によって取材されたのですが、その取材のインタビューの中で、ある方が「仲間に閉じこもりをさせたくない」と話していたのです。

日本の高齢者施設はやはり閉鎖的だということを再認識させられました。普段の施設での生活の中では、外出しようと思うような特別な機会がなければ外に出ることはないのです。

ケアファームのコンセプトは多世代交流。私たちはこれからもケアファームという場所がどんな人にとっても生きがいを生み出すことのできるそんな場所にできるようにしたいと考えています。

イベント参加の障壁を乗り越えるために

高齢者や障がい者がイベントに参加するにあたっては、障壁となるものがいくつかあります。

まず高齢者の例から見ていきましょう。障壁となり得るものはいくつかありますが、まず重要なのが参加費用です。

年金受給者が多い高齢者にとって参加費用が高いだけで参加することを躊躇してしまうケースは少な

定植後のハクサイ、ブロッコリー

種ダンゴイベントで植えた種ダンゴが花となって咲く

くありません。そのため狭山ヶ丘ケアファーマーズでは、高齢者には無料でイベントに参加してもらっていました。皆さん楽しんでイベントに参加してくださるので私たちもとても嬉しいですし、何よりお金を払っていただくことよりも何倍ものやりがいがそこにはあるのです。

次に環境の整備です。皆さんご承知のとおり、高齢者は持病を持っている方、足腰が不自由な方、体調を崩しやすいといった方が多数です。そのため、椅子とテーブルを準備するのはもちろん、設置場所も日陰に設置するなど細心の注意が必要です。また高齢者4～5人に施設担当者が1人ついて対応しているのが一般的のようです。

では障がい者の場合はどうでしょうか。

障がい者の場合、高齢者とは状況は少し異なります。高齢者同様に参加費用の問題もありますが、障がい者が参加する上で重視するのは会場に行くまでの交通手段です。障がい者の方がいかにストレスなくアクセスできるかはとても重要です。また会場内での移動もスムーズにいくよう、施設の各所に気づかいが必要です。

また、障がい者は高齢者とは異なり、障がいが重度なのか軽度なのかにもよって対応の仕方が変わるだけでなく、病気の種類も様々なため、その状況に応じた職員を同伴させることができるかもポイントになるでしょう。

引き続き、こうした課題を一つ一つ解決し、誰もが参加しやすいイベントを目指していきます。

運営コストの問題

活動を続ける中で、イベントにかかる諸経費など、避けられない出費が発生します。それ自体は当然のことですが、できるだけコストを抑えたいと考える組織が多いのも事実です。

私たちも同様に、効率的な運営を目指して、年間スケジュール表を事前に作成しました。そして、農

2023年秋の芋煮会

業指導員である井上さんと労働時間の調整を行い、必要以上に畑に出向いてしまうことで発生する余計な人件費を抑える工夫をしました。

その結果、昨年度の計画を参考に今年度の予算配分をスムーズに決定できたことに加え、無駄な労力やコストの削減が実現しました。

これにより、より効率的で安定した運営が可能となったのです。

教育の場としてのケアファーム

私たちは、ケアファームが単なる農業体験の場ではなく、教育的な意義を持つ場所でもあると考えています。特に「食育」の実践の場としては最適です。

食育は、食べ物に関する正しい知識を習得し、バランスの取れた食事を通じて健康的な食生活を送る力を育むために必要不可欠な教育です。近年、この食育の重要性がますます高まっており、特に子どもの健康や体力、さらには学力向上を目指す取り組みの一環として多くの注目を集めています。

私たち狭山ヶ丘ケアファーマーズの農園にも、多くの家族が参加しており、特に小さいお子さんを連れている親御さんが目立ちます。こうした親御さんは、幼少期から子どもに自然と触れ合う機会を与え、農業を通じて食べ物がどのように育つのかを直接体験させたいと考えているのです。

これは、単に子どもが野菜や果物を収穫する楽しさを味わうだけではなく、日常生活において自分たちが食べているものに対する感謝や理解を深める機会でもあります。

また、ケアファームでの活動は、認知症や精神障がいのある方々にとっても非常に有益なものです。農作業を通じて体を動かすことで体力を向上させるだけでなく、自然の中での活動が心の安定にもつながるという点で、食育とケアファームの目指す方向性には共通する部分が多くあります。

こうした活動を通して、ケアファームは食育の枠

定植前の苗と種

を超え、総合的な教育の場として機能する可能性を秘めています。

今後、狭山ヶ丘ケアファーマーズでは、地域住民を対象としたさまざまなイベントや体験活動をさらに拡充していく予定です。、収穫体験や農業体験を通じて、子どもたちが実際に自分の手で作物を育て、収穫する過程を楽しむことができるようなプログラムを計画していきます。

これにより、参加者は自然の中でのびのびと過ごしながら、さまざまな学びや気づきを得ることができるでしょう。特に、親子で参加することで、家庭内での食育がさらに深まることを期待しています。

区画による野菜の品質や収穫量の違い

狭山ヶ丘ケアファーマーズでは、農園の運営において区画ごとの差異にしっかりと向き合い、対応策を講じています。昨年の活動では、Ａ区画からＣ区画までの３つのエリアを設け、それぞれの区画に一世帯を割り当てる形で運営していましたが、今年度はさらにＤ区画を追加し、４つの区画で活動を行っています。しかし、当然のことながら、各区画には日当たりや土壌の状態といった自然環境の違いが存在し、それが収穫できる野菜の量や品質に影響を与える要因となっています。

例えば、Ａ区画は日当たりが良く、成長が早い野菜が多く育つ一方で、Ｃ区画はやや日陰が多く、栽培に時間がかかるケースも見受けられます。こうした自然条件の違いにより、一部の参加者が「自分の区画では他の区画と比べて収穫が少ない」と感じることがあるかもしれません。このような不公平が生じないよう、私たちは積極的に対策を講じています。

その一環として、私たちは「デジ畑」というオンラインプラットフォームを活用し、参加者全員に事前説明を行っています。特に栽培条件の良い区画の方には、他の区画の方々と収穫物をシェアすることをお願いし、収穫量に差が出た場合でも、全員が平

マルチ張りは区画ごとに行う共同作業

等に野菜を楽しむことができるよう配慮しています。イベントや収穫祭などでは、それぞれの家庭が育てた野菜を持ち寄ることで、すべての区画の参加者がさまざまな種類の野菜を均等に楽しむ機会を設けています。

このような区画ごとの差異に対する取り組みは、農園を誰もが楽しめる、オープンで参加しやすい場所にするための大切な要素と考えています。私たちの理念の一つは、地域住民や参加者全員が対等に楽しみ、協力し合いながら農業に取り組むことです。

今後も、区画ごとの違いをポジティブな要素として捉え、それを踏まえた上での公平な運営を目指していきたいと考えています。

害獣対策について

農業を行う際には、必ず直面するのが虫や害獣との対策問題です。狭山ヶ丘ケアファファーマーズの活動においては、特にハクビシンと呼ばれる動物による農作物の食い荒らしが深刻な問題となっていました。これに対処するため、私たちはさまざまな方法を検討し、効果的な対策を講じています。

具体的には、ハクビシンに対する対策として、鷹や鷲などの猛禽類を模したバードカイトを導入しました。猛禽類はハクビシンの天敵であり、その姿を模したバードカイトを使用することで、ハクビシンを忌避させる効果が期待できます。さらに、犬や狼、アライグマもハクビシンの天敵として知られており、狼の尿を利用した対策も非常に有効だとされています。

ただし、ハクビシンは法律によって勝手に駆除することが禁止されています。このため、上記のような対策を実施しても状況が改善されない場合には、専門の駆除業者に依頼するなどの手段を検討する必要があります。

私たちは、まずは自然に優しい対策を試み、それでも解決しない場合には適切な専門家の助けを借り

春を迎えて

ることで、持続可能な農業環境を維持しようと努めています。

このように、害獣対策は単に物理的な手段だけでなく、法的および倫理的な側面にも配慮しながら進める必要があります。狭山ヶ丘ケアファーマーズでは、地域の特性や問題に応じた最適な対策を講じることで、農作物を守りつつ、地域環境との調和を図っていきたいと考えています。

PR活動

狭山ヶ丘ケアファーマーズの活動や最新情報については、私たちのウェブサイト「Carefarm Japan」(https://carefarm.jp/) にて詳しくお伝えしています。このサイトでは、日々の活動に加え、これまで視察で訪れた農福連携の取り組みを行っている福祉施設や、イギリス、オランダなどのケアファームの情報も紹介しています。

また、昨年の夏には、狭山ヶ丘ケアファーマーズで開催された秋の芋煮会の様子がテレビ局によって取材されました。私たちの取り組みやケアファームでの活動が取り上げられたことで、大変良いPRとなり、多くの方に当ファームの活動を知っていただくことができました。

今後も、狭山ヶ丘ケアファーマーズをより多くの人々に知ってもらうために、さらなる工夫を凝らし、SNSでの情報発信や他のメディアとの連携を積極的に行っていく予定です。私たちは、地域社会や広く一般の方々に当ファームの活動の魅力を伝え、理解を深めていただくために、引き続き努力を続けていきます。

第5章

ケアファーム なんでもQ＆A

ケアファームとは何ですか？

ケアファームとは農業や園芸などの作業を通じて高齢者や障がい者、または社会的に孤立している人々にケアを提供する施設のことです。

一般的には、自然に囲まれた環境でリハビリや生活支援を行うことが多く、ただの作業場ではなく、利用者の生活の質を向上させるための施設です。

日本型ケアファームとは何ですか？

各国の制度や文化により様々なケアファームがありますが、日本型ケアファームは、単なる菜園付きの老人ホームではなく、日本の制度を組み立てたケアファームです。高齢者においては介護度の高い方でも楽しんで生きがいを感じられ、障がい者の就業支援とともに子供達、一般市民を含めた多世代の地域コミュニティを都市内外で生成することを目的としています。

デジ畑とは何ですか？

デジ畑（商標登録）は都市緑地株式会社が提案する日本型ケアファームの事業運営基盤システムです。多彩な人が参加する農園において安全を確保し、情報を共有し、コミュニティ化を促進するためのアプリケーションです。さらに近い将来、物理的に移動が不可能でもＶＲ空間を通じて国内外の農園や観光地を訪問、コミュニケーションする概念を含んでおり、特許申請中ですが、ＶＲ空間部分はすでに取得済みです。

ケアファームの何が生きがいをもたらすのでしょうか？

ケアファームが生きがいをもたらす理由はいくつかあります。以下に主な要素を挙げて説明します。

ケアファームでは農作業や園芸活動を通じて具体的な目標に向かって取り組むことができ、その成果を見ることで達成感を得られます。たとえば自分が育てた野菜が成長していく姿を見たり、収穫する喜びを味わうことが生きがいに繋がります。またケアファームでは、利用者の個々のスキルや経験を活かせる場が提供されます。

自分の得意なことや興味を持っていることに取り組むことで、周りの人たちから感謝されるなど、他にも様々な要素が相まってケアファームの生活での生活が豊かで充実したものとなり、生きがいを感じられるのです。

ヨーロッパ以外でもケアファームは成功していますか？

ヨーロッパ以外だとアメリカなどでもケアファームの取り組みはあります。

アメリカのレッドウィグラーコミュニティーファームの取り組みなどを弊社HPからも確認することができますので、良かったら覗いてみてください。日本や韓国ではこれから発展する分野です。韓国では2024年8月にケアファームのための法律が施行されました。日本でもさらなる整備基盤が望まれます。

なぜ木造のケアファームは環境と健康に優しいと言えるのですか？

延床面積2000㎡の標準的なケアファームの建物を鉄筋コンクリートや鉄骨から木造に変更すると、建設時のCO_2排出量は約600トン減となり、国産木造とすると海外からの輸送によるCO_2排出量はさらに削減できます。

また、この建物の建設により360トンのCO_2が固定され、一棟の建物で約1000トンの削減固定となります。これはトヨタクラウン1300台が1年間に放出するCO_2とほぼ同じです。

またケアファームはZEB（Zero Energy Building）においてZEB ready、つまり消費エネルギーを基準の50％以下となることを原則とします。もちろん一つ一つの建物で固定できるCO_2は多くありませんが、木造建築の推進を福祉の建物で社会に提示することも可能なのです。

ケアファームの運営に資格は必要ですか？

農地を管理するのは原則として農業者である必要があります（市民農園、福祉施設ではいくつかの例外があります）。また、ケアファームは農園以外にも高齢者住宅、障がい者の支援施設を併設していることがあり、それぞれの運営には事業所としての届け出、それに要する管理体制、資格等が存在します。ケアファームによっても相違しますので詳しくは私たちにおたずねください。

本当にデジ畑で世界中の農園とつながることは可能なのでしょうか?

都市緑地株式会社は、リアル空間の人物と仮想空間の人物が同じ風景の中でコミュニケーションを取り、商品のやり取りなどに必用な視覚情報を共有できる基礎技術に関して、特許を取得しました。

これにより、たとえば体が不自由で旅行に簡単に行けない高齢者の方でも、海外の農園を訪問して買い物を楽しんだり、現地の農作物の出来具合を見ながら生産者と会話をすることもできるでしょう。

まだ構想段階ではありますが、このサービスを実装することによって、より良いサービスを提供したいと思います。

日本でのケアファームの普及には何が必要ですか?

世界で普及しつつあるケアファームは、まだ日本では知られていない存在です。そのライフスタイルは参加して初めてわかることもあり、普及のためには利用者さんの経験の情報開示や評価が広く知られることが必要と考えています。

ケアファームに向いている土地はありますか?

ケアファームは農地またはガーデンがあり、高齢者住宅または障がい者の就業支援にかかわる建物が必要です。したがって人里離れたところではなく人とのかかわりがある土地である必要があります。また、トラクターや刈払い機などの農業用機械も必要なので、これらの騒音が問題となる地域は適切ではありません。

さらに、低層の木造高齢者住宅はハザード（水害・土砂災害地域）の建設に関しては慎重でなければなりません。農園を運営しうる平坦地ですので、都市部の農地（生産緑地・市街化区域内農地）および都市周辺の市街化区域農地（福祉施設の建設可能な地域）が向いています。

耕作放棄地を持っていますが、ケアファームとして活用できますか？ また、買い取ってもらうことは可能ですか？

地域住民とのコミュニティが生成されることや、建物の建設が必要なため、土地にはいくつかの条件があります。

土地の場所・面積、道路の有無・幅員、福祉事業のニーズなど、必ずしもいつもお応えできるとは限りませんがご相談ください。

日本型ケアファームに来る人はどのような人たちですか？

「日本型ケアファーム」は高齢者住宅の運営を基本とし、そこに障がい者が働くために来園します。

また市民農園や、マイガーデンとして地域住民も参加します。

ケアファームの活動内容は何ですか？

ケアファームでは、農作業、園芸、動物の世話、自然観察など、季節や利用者のニーズに応じた様々な活動が行われます。

ケアファームに参加するメリットは何ですか？

ケアファームに参加することで、心身の健康が向上し、社会的なつながりが深まり、生きがいを感じることができます。また、自然とのふれあいや、仕事の達成感が得られることもメリットです。

日本型ケアファームはどのように運営されますか？

土地を所有または借地した建物所有者から、高齢者住宅事業者、障がい者就業支援事業者またはその両方が施設を借受け、それぞれの事業を運営します。農園管理は都市緑地株式会社がデジ畑で行いますが、障がい者就業支援は地元の事業所あるいは建物所有企業の特例子会社が事業主体となる場合があります。

ケアファームで食事は提供されますか？

多くのケアファームでは、利用者が栽培した野菜や果物を使った食事が提供されることがあります。食事作りも活動の一環として楽しむことができます。

ケアファームの活動へ参加するための費用はどのくらいですか？

ケアファームの活動に参加するための費用は、運営団体によって異なります。

高齢者住宅はそのサービス費に含まれ、一部はケアファームの維持・運営に充てられます。

地域住民は月額の参加費用を負担し、障がい者就業支援はケアファームの収益から所得を得ます。

ケアファームは地域社会にどのように貢献していますか？

ケアファームは地域社会に対して、閉ざされがちな施設の人々に交流の場を提供し、地域住民が参加できる日常的な活動を提供します。

ケアファームの活動にはリスクがありますか？

ケアファームの活動には、農作業や工作によるケガや、動物の世話に伴うアレルギー反応などのリスクがあります。ただし、適切な安全対策を講じ、リスクは最小限に抑えます。

ケアファームはボランティア参加できますか？

はい、ケアファームではボランティアを募集している場合があります。ボランティアとして参加することで、利用者の支援や農作業の手伝いができます。

ケアファームの活動は季節ごとに変わりますか？

はい、ケアファームの活動は季節に応じて変化します。春や夏は種まきや収穫、秋には収穫祭や収穫後の処理、冬には次のシーズンに向けた準備が行われます。

また、動物のお世話やケアファームの工作は通年を通じて行われます。

ケアファームではどのような作物を育てることができますか？

ケアファームでは、季節に応じた野菜や果物、花卉などが栽培されています。また、地域の特産物を育てることもあります。

ケアファームでの体験を子どもと共有できますか？

多くのケアファームでは、家族参加型の活動も提供されており、子供と一緒に農作業を体験することができます。家族で自然に触れる貴重な機会となります。

ケアファームの活動が高齢者にとって特に効果的なのはなぜですか？

ケアファームの活動は、身体を動かすことや、自然とのふれあいが高齢者の心身の健康に良い影響を与えます。

また、社会的なつながりを維持し、孤独感を軽減する効果もあります。

また、日本型ケアファームでは、介護を要する高齢者や認知症の高齢者であっても、障がい者就業支援のサポートによって当事者意識を維持しながら野菜や花卉の栽培に参加することができます。身体的能力・認知能力に制限はありません。

ケアファームの活動に成功事例はありますか？

ケアファームの成功事例として、利用者が長期的に参加することでうつ症状が改善されたり、地域社会への参加意欲が向上するケースがあります。

ケアファームはどのように地域住民と連携していますか？

ケアファームは地域住民と密接に連携し、農産物の販売やイベントの共催を通じて地域社会に貢献しています。また、地域住民がボランティアとして参加することも奨励されています。

ＩＣＴの活用事例はありますか？

日本型ケアファームでは、ＩＣＴを活用して多様な農園作業の参加者の安全や管理の効率化が行われています。「デジ畑」は、農園に現在いる参加者をモニタリングし、ＳＮＳでのコミュニティ生成に役立てており、技術の共有、農園の共同設備（倉庫、トイレ、水道等）の管理も行っています。

ＥＳＧ投資とは何ですか？

ＥＳＧ投資とは環境・社会・企業統治に配慮した企業の投資のことです。

日本型ケアファームでは、ケアファームの建物投資をすることが企業において脱炭素、社会的事業と収益・自社の障がい者雇用対策を両立する事業の一つと考え、担保価値が少ない都市郊外農地への投資を企業信用によるコーポレートファイナンスを行うことで日本型ケアファーム普及のエンジンとしようと考えています。

体験農園の見学はできますか？

見学は可能です。ケアファームジャパンホームページのお問い合わせからご連絡ください。

農業未経験です。市民農園に参加しても大丈夫でしょうか?

農業指導員としてプロの農家さんがサポートしてくれるので大丈夫です。

グループで作業するとき、農家1人に対して利用者は何名見てもらうのがよいですか?

農家の方1人に対して利用者さん3~4人がわかりやすい人数のようです。

コミュニティを形成する上で大事なことは何ですか?

いくつかあるかと思いますが、共同作業はとても効果的だと考えています。共同作業をすることで自然とコミュニケーションが生まれ、何かを成したときに「仲間意識」が生まれ、コミュニティの形成につながると考えています。

農園で春先におこなう整地、マルチングは顔合わせで最初に行う作業です。終了して最初の苗を植えたときの達成感で参加者はワクワクします。

イベントに参加するにはどうすれば良いですか？

イベントは体験農園利用者でなくとも参加が可能です。ご参加希望の場合はケアファームジャパンHPのお問い合わせ欄からご連絡ください。

売れ残った野菜はどうするのでしょうか？

市民農園では畑で作った野菜の販売はしていません。ご近所相互で分け合ったり、無償で施設に提供するなども良いかもしれません。

農機具などは準備する必要がありますか？

農作業等に必要な器具・備品などはすべて農園に準備してあります。

野菜の品質維持のためにやっていることは何ですか？

専業農家の方を講師として招き、農業に関して指導していただいています。

日本にケアファーム施設の事例はありますか？

2022年8月1日に新潟市に始めてケアファームのコンセプトを導入した高齢者住宅、ココファンガーデン新潟亀田をオープンしました。

入居者は併設されたガーデンで植物に触れ、体を動かすことができます。入居する前から土いじりや畑が趣味という方は継続して趣味が楽しめる環境があります。また、ガーデンでは四季の様々な植物を楽しむことができます。バリアフリーでスムーズにガーデンにアクセスでき、各々が自由に散策できます。

このココファンガーデン新潟亀田は全国の介護施設、約5万2千件の中から入居成約率、資料請求数、入居率、退職率の低さ等の様々な観点から採点され、みんなの介護AWARD2023において甲信越部門で第1位を受賞しました。

都市緑地株式会社ってどんな会社なのですか？

都市緑地株式会社は高齢者福祉と障がい者福祉に安全安心だけでなく「生きがい」の軸をもたらすために、ヨーロッパで多く普及している「ケアファーム」を日本の制度に合わせて普及させることを目的として設立された会社です。

話を聞いてみたいのですが？

お問い合わせやご相談などは、都市緑地株式会社のホームページかケアファームジャパン(Carefarm.jp)のホームページからご連絡ください。

◉著者プロフィール

太田展（おおた・のぶる）

［第1・3・4・5章］

1991年12月9日生まれ。埼玉県出身。

国土交通省に選定された「日本型ケアファーム普及のための地域・多世代交流の環境整備モデル事業」における狭山ヶ丘ケアファーマーズの活動において2023年より管理人に着任。体験農園利用者である地域住民と障がい者施設の利用者隣接する高齢者住宅の住人の相互理解や交流をイベントを通して積極的に行うと同時に日々の活動をHPで発信している。

太田裕之（おおた・やすゆき）

［第2章］

1957年1月8日生まれ。北海道出身。

認定コンストラクションマネージャー

一級建築士　一級建築施工管理技士

1986年 株式会社シスケアの前身の建築設計事務所を創立

2006年 株式会社シスケア 創業 代表取締役

2014年 学研グループ参画

2015年 学研ココファン取締役

2019年 シスケア代表取締役退任

2020年 都市緑地株式会社創立 代表取締役

◉編集

都市緑地

Urban Greenery,Inc.

都市緑地 株式会社

〒163-0532

東京都新宿区西新宿1-26-2 新宿野村ビル32階

TEL　03-5322-2963

FAX　03-6730-3196

https://ubgn.co.jp/